歴史の生かし方

一流はそこから「何を」学ぶのか

JN184079

童門冬二

青春新書
INTELLIGENCE

はじめに

歴史を生活《めし》の種にしていていつも思うのは、「環境や条件が全く違う時代に生きていた人びとの言行が、はたして現代《いま》の人びとの役に立つのだろうか?」ということだ。

わたしは〝役に立つ〟と思っている。そう信じている。というのは、日常生活で遭遇するいろいろな課題について、わたしはその解決策のヒントを歴史から得ることが多いからだ。

年齢が九十歳を越え、そのほとんどを歴史とのつきあいで過ごしてきたわたしには、それが〝生き方〟の最良の方法であるし、信念にまで高まっている。つまり他の方法は考えられないし、選べない。

だからといって切羽詰まって歴史の泥沼にズッポリはまり、歴史の捕虜《とりこ》になって喘《あえ》いでいるわけではない。毎日の事象がそんなことは許さない。〝事実は小説よりも奇なり〟的に絶え間なくおそってくる課題は、手っ取り早く歴史上の類似事件とその時の解決方法を偲《しの》ばせる。

たとえば二〇一八年の春に話題になった「貴乃花騒動」は、そのまま初期の上杉鷹山や二宮金次郎の改革事件を想起させる。改革はどんなに正しくても一人ではできない。理解者と協力者が要《い》る。それを得るには世俗的な折り合い（妥協）と、慣例化している技術（いわゆる世渡り術）が必要だ（改革は本来こういう俗的慣習の否定が目的だが）。結局改革には忍耐と時間が要るということになる。

そう考えると今度は逆に、鷹山や金次郎の改革過程を分析して、

「あの時はこうすればよかったのではないか」

という、かれらのやり方に対する修正法が頭に浮かんでくる。いってみれば〝タイムトンネル内におけるフィードバック〟だ。過去と現在がともに出力となり入力となって、課題の解決法を深め高めるのだ。場合によっては「歴史を修正する」こともある。ゲームのようなものだ。

幕末時「絶対に相容《あいい》れない」という対立関係にあった長州藩と薩摩藩を、坂本龍馬は仲介して連合させた。イヌとサルを親友として結びつけたのだ。これはA（長州藩）かB（薩摩藩）かという二者択一ではなく、互いを互いの中に溶け込ませるCという〝第3の道〟を、坂本は創り出したのだ。いま国内だけでなく、国際的にもイヌとサルの対立関係は溢《あふ》れている。坂本は維新後は「世界の海援隊をやりたい」と言っていた。

この本はそんな発想（現在《いま》のわたしたちにすぐ役立つような考え方）を、わたしがどのように学んだか、をメモった覚え書だ。ひとりよがりがあるかもしれないが、わたしは自身の経験に照らしても結構役立つメモだ、と思っている。ご活用くだされぱとても嬉しい。

歴史の生かし方　一流はそこから「何を」学ぶのか　目次

第二章 夢かなわぬ人生にもまた意義がある

第三章　忘れられていた歴史にこそ「日本人の誇り」

第四章　時代が変わっても変わらぬリーダーシップの源泉

第五章　正論だけでは渡れぬ世を生きる心得

最後に恃《たの》むべき自分とは　157

江戸百万の人びとを救った男の胆力　166

本文DTP／センターメディア

第一章

人間も歴史も「向き合う人」しだい

一人の人間の評価と価値は、心と意志の中にある

――フランスの思想家・モンテーニュ

歴史は「自分とともに」変化していく

歴史は複数の視点から見る

よく言うのだが、わたしは歴史は「複眼」で見るべきだと考えている。

複眼の視点というのは、「トンボの眼で人物や事件を見る」ということだ。わたしの場合は、年をとり、経験を積むにしたがって、若い時に見ていた人物像ははたして正しかったのか、という疑問を持つようになった。

たとえば織田信長にしても坂本龍馬にしても西郷隆盛にしても、何冊も本を書いている。一人の人物について何冊も本を出すというのは、新事実を発見したためだけではない。はっきり言えば、「その人物に対する見方」が全く変わってしまったからだ。どんな人物を書いてもわたしは、

「書き手の人間性以上に、歴史上の人物が自主的に動くことはあり得ない」

と思っている。つまり、信長を書き龍馬を書き隆盛を書いても、結局は、

「書き手の人生観や歴史観などの枠から、対象の人物がはみ出ることはあり得ない」

ということである。そして、その人物を懲りずに何回も書くということは、

「書く時の年齢、状況によって、相手への見方にいろいろ新しい発見があった」

ということだ。

わたしは、

「歴史上の人物は、すべて円筒形である」

と思っている。円筒形だということは、

「三百六十度方位から観察することができる」

という意味だ。だから若い頃に信長を見た時は、ある一つの視点から見ている。しかし年をとり、経験を積むとその見方がはたして正しいのかどうか疑問になる。「こういう面もあったのではなかろうか」と、違う角度（視点）から見るようになる。その繰り返しが何度も行われ、尽きることを知らない。だからわたしが歴史に向き合う際には、

「歴史上の人物や事件を、決して決めつけてはならない」

ということを強く意識している。決めつけるということは、

「人物や事件を見る目を固定してしまって、その視座から動かない」

という、こちら側の姿勢をいう。

信長が秘めていたユートピア思想

若い頃は織田信長にしても、

「天下人（天下統一者）になるための階段を、フルスピードで上《のぼ》っていった人物」

と考えていた。ところがある年齢になって、「愛知県史」を読んでいると、

「愛知という県名は、尾張地方に古代から伝わってきた〝あゆち〟の伝承を基にしたものだ」

という記述にぶつかった。これは一つの発見だ。わたしはこれをさらに、「信長の天下事業」と結びつけてみた。信長も尾張（愛知県）の生まれだから、子どもの時から〝あゆち思想〟を知っていたに違いない。そうなると信長の天下事業は、

「あゆちの思想を、日本中に広げることではなかったのか」

と思いはじめた。あゆちの思想というのは、

「海から吹いて来る幸福の風が、日本の中部である尾張に上陸する」

というものだ。信長は、この伝承を信じ、同時に自分が常にあゆちの風に吹かれていることを認識した。かれは、

「この幸福の風を、自分だけが独占するのではなく日本中に吹かせよう。それがおれの天

下事業だ」

と思い立った。したがってかれの天下事業は、「日本全体を幸福にしたい」というヒューマンな思想に貫かれている。決して自己権力を増長し、それによって国や国民を支配しようなどという考えはない。

そういう観点で信長の事跡をもう一度手繰《たぐ》ってみると、意外なことが次々と出てきた。

〝破壊者〟信長の意外な一面

たとえば、かれが合戦に赴く時に、ポカポカと小春日和の畑の上で農民が一人居眠りをして鼻から提灯《ちょうちん》を出している。これを見た部下が怒って、

「領主がこいつらのために合戦に赴くのに、鼻から提灯を出して見送っている。けしからん、みせしめに血祭りにしましょう」

と信長に進言する。信長は笑う。そして、

「やめろ。わしは、わしの国で農民がこういう呑気な姿を見せてくれるのが嬉しいのだ。もっと言えば、わしはこの国をこういう状況にするために合戦に赴くのだ」

と言ったという。迷信を嫌い、かなりドラスティックな政策を行った信長だが、実際に

はこういうやさしさを持っていた。そしてこのやさしさをわたしは、「かれが〝あゆち思想〟の実現を志したからだ」

と思うようになった。

こう考えると、かれの後継者であった豊臣秀吉や、尾張ではないが同じ愛知県内（三河国）に生まれた徳川家康への継承がピタッと一本の線でつながって、理解しやすくなる。

信長・秀吉・家康の三人の天下人については、「鳴かないホトトギスをどうするか」に答えたかたちの有名な句がある。

信長　鳴かぬなら殺してしまえホトトギス
秀吉　鳴かぬなら鳴かしてみしょう（みせよう）ホトトギス
家康　鳴かぬなら鳴くまで待とうホトトギス

この三人の句を、これまでわたしは三人の性格論で解釈していた。つまり信長は短気、秀吉は自信家、そして家康は忍耐家という解釈だ。もちろんこの説も当たらないわけではない。が、わたしは〝あゆち思想〟に結びつけ、三人の天下人がそれぞれ行った事業の性

格に照らし合わせると、

信長　あゆち思想を実現することを妨げる古いしきたりや考えを破壊した
秀吉　信長が更地にした社会に、あゆち思想を象徴する事業を実現した
家康　両先輩のやったことに微修正（ローリング）を加えながら、長期維持管理した

言葉を換えれば、信長は〝破壊〟、秀吉は〝建設〟、家康は〝長期維持管理〟と見ることもできる。

日本史上、例のない経済発展を遂げた理由

こういう考え方をすると、三人の天下人の事跡は、そのまま現代の経営や職場での仕事のやり方に当てはめることもできる。わたしは作品を書く以外によく講演を頼まれるが、話が終わると質問が出る。その一つに、

「いまのような世の中では、信長・秀吉・家康の三人のうち、どのタイプを活用すればいいですか?」

というのがある。わたしは、

「いまのようなIT社会並びにAI社会では、三人のうちの一つのタイプでは乗り切れません。つまり、経営改革を行う過程には、必ず破壊・建設・維持管理の三つが必要です。そうなると、三人のうちの一人のキャラ（性格）を活用するだけでは足りません」

「では、どうすればいいのですか？」

「三人合わせた性格を持つ必要があります。でなければ現在のトップマネジメントやリーダーシップを発揮するには不足する面が多々出るでしょう」

と応ずる。そして、三人がどのように〝あゆちの思想〟を継承していったかを紹介する。

信長は、破壊の第一として「足利幕府の消滅」を行った。幕府のトップである征夷大将軍の足利義昭を追放し、事実上、幕府を滅亡させた。これによって足利幕府は十五代目の義昭で消滅する。

しかし、信長はただ破壊を行っただけではなく、次の「建設」の一部も手掛けている。それは「茶道」による生活の文化化だ。かれは、千利休から茶道を教えられると同時に、それを政治行政の面に持ち込んだ。つまり、

「国民の生活に必要な衣・食・住のいずれにも文化を付加価値として加える。それによっ

て、経済を発展させる」

ということだ。文化行政を行ったわけではない。当時の日本人の〝一所懸命の思想〟による「土地至上主義」に、文化という新しい価値を付加した。つまり、

「生活を、もっと豊かに実りあるものにしよう」

と企てたのである。これによって、衣・食・住の三面において、ただ着る衣・食べる物・住む家があればいいというだけでなく、これらに付加価値を重視する傾向が国民の間に生まれた。これは大きな「意識改革」だ。それによって消費力を高めることだ。周りの者は、

「低層の民が金を持っているはずがありません」

と言ったが、その言に反して国民の低層が次々と文化生活を楽しみ始めた。これによって消費力が上がり、信長の政策は〝安土文化〟として空前の高度経済成長をもたらした。

そしてこれを引き継いだ秀吉が桃山（正しくは伏見）の地で、さらに国民の消費力を高めた。俗に〝桃山文化〟と呼ばれる秀吉の経済政策もまた、著しい経済成長をみせた。信長と秀吉の展開した政策によって伸びた経済成長は、日本史上に例がないほどだ。そして、

「輸出に頼らず、国内需要の増強だけで経済を成長させた」

という例もまたない。その意味では、信長の先導によって行われたこの「国民の生活の

文化化」は、特筆すべき効果を挙げたのである。意識改革が経済を動かしたのだ。

歴史に向き合う人間の宿業

わたしは年を重ね、経験を積むたびに、歴史上の人物をいままでとは違った角度から見るようになったと書いた。これからも、生きている限り人物や事件を見る目は変わっていくだろう。

これは歴史に対する人間の一種の宿業と言ってよく、あるいは歴史における「法則」のようなものかもしれない。だから、若い時には感動して褒め称えていたような人物を、欠点を感じて今度は逆に批判するようなことになるかもしれない。

この本でも、わたしのこれまでの本で何度か書いてきた歴史上の人物を取りあげているが、その見方、評価はこれまでの本とは変化しているものもある。

これは、見る側（わたし）の歴史に対する変節ではない。歴史上の人物や事件が、もともとそういう性格を持っているのだ。それを若い頃には発見できなかったに過ぎない。

これからも、信長や龍馬や西郷などに対して、いまとは全く違った見方を書くことになるかもしれない。

第二章

夢かなわぬ人生にも また意義がある

歴史を学ぶと、われわれが歴史から学んでいないことがわかる

――ドイツの哲学者・ヘーゲル

時に理不尽な人生を受け入れる心得

信長のよき理解者だった前田利家

前田利家は、加賀百万石の祖であり、若い時は織田信長に仕えていた。才気煥発《さいきかんぱつ》で、信長に可愛がられた。信長が周りから〝たわけ者〟〝ばらさ者〟〝かぶき者〟などと陰口を言われながらも、サイケデリックな格好をして城下町を歩いている時には必ず供をした。そして利家も信長と同じような格好をしていた。だから周囲から、

「あの主従はたわけ者でどうしようもない」

と言われていた。が、信長が城下町をふらつくのは、好き好んでのことではない。かれは前に書いたように〝あゆち思想〟を実現しようとしていたから、城下町をふらついては他国から来た人と接し、

「なぜ、尾張にやって来たのか？」

と訊き、その旅人が求めるものを探っては、大げさに言えば、

「同時代に生きる人間たちのニーズ（需要）」

を集積していた。言ってみれば、尾張という地域において、「同時代人の需要のマーケットリサーチ」を行っていたのである。

合理性に富む信長は〝あゆちの思想〟を実現するにしても、抽象的なものでは満足しなかった。

「あゆちの思想の実態を具体化する」という目的で、主として旅人から、「何を求めて尾張にやって来たのか」ということを探り、その積み重ねによって、「同時代人のニーズのあらましを組み立てていた」のだ。利家はその供をするくらいだから、信長の意図をよく察し、自分も一所懸命ニーズ把握の手伝いをしていた。

利家を襲った突然の不遇

信長が可愛がっている茶坊主がいた。しかし、この茶坊主は性格が悪く、自分に贈り物をする武士に対しては信長に褒めて伝え、無視する者に対してはその報復をした。信長に悪しざまに告げるのである。もちろん信長はそんな告げ口は信用しなかったが、しかし周りでは気にしていた。

利家は正義感の強い青年武士だったから、こういう茶坊主の存在が許せなかった。ある日、利家の悪口を信長に告げたと知ったので、怒った利家はこの茶坊主を斬り殺した。それを知った信長は激怒して、

「目通りかなわぬ。去れ」

と利家を追放した。こうして利家は職をクビになり浪人してしまった。この時、利家は苦しい生活の中で、こう書き残している。

「調子のいい時は周りの人間もちやほやしてくれるが、いったん落ちぶれると寄り付かない。人間というのはそういうものだ」

そして、

「しかしそういう中でも、自分のことを心配して、信長公に取りなしをしてくれる者もいた。柴田勝家はその代表だ」

と告げている。この歴史的事実を、わたしなりにもう少し掘り下げて考えてみる。それは、利家が言う、

「調子がいい時はちやほやするが、いったん落ちぶれると、途端に人の心は冷たくなる」

という部分に大いに興味を持つからだ。おそらく利家にすれば、落ちぶれた時の周囲の

人びとの対応は、次のように分けられたに違いない。

・普段から利家に悪意を持っていて、今回信長からクビにされたことを「いい気味だ」と思う者

・親しげに利家の家を訪ねてきては、利家が信長に対しどういう気持ちを持っているかを探りに来る者。少しでも信長の悪口を言おうものなら、鬼の首でも取ったように喜んで帰り、信長にも「前田はお館（信長）をこんなふうに恨《うら》んでいます」と告げ口をする者

・利家が面倒を見て、いまはそれなりの職位に達してはいるが、しかしいまの城内の空気では落ちぶれた利家を訪ねたり、見舞ったりすることがしにくい者。気が弱い者は、密かに手紙を送ってきて「こういう事情で、いまはお伺いすることができません。恩知らずとお思いでしょうが、どうかわたくしの立場をご理解のうえお許しください」などと気弱な手紙を書いてくる者

・そんな状況の中でも、相変わらず利家に好意を持ち、信長に「早く許してやってください」と取りなす者

となるだろう。そして最後の「取りなし組」の代表が柴田勝家だったのだ。
この時の利家は、信長に対する不平不満の気持ちで一杯だった。怒りの念さえ持ってい
た。というのは、利家は自分が茶坊主を斬ったのは、
「決して間違いではない。おれは正しいことをしたのだ」
という自信を持っていた。ひと言でいえば利家が茶坊主を斬ったのは、「君側《くんそく》の奸《かん》を成
敗したのだ」という自信に溢れていた。茶坊主をあのままにしておくと、信長の目を狂わ
せて、人事面においても茶坊主が褒める人間を登用し、けなす人間を退けるという結果を
生むだろうと判断した。同時にそのことが、「織田家の治政を誤らせる」という予測も立
てていた。そして、こういう思いを抱いているのは利家一人ではなく、他にもたくさんい
ると見ていた。
したがって利家が茶坊主を斬殺したのは、そういう正義感にもとづく行為であって、決
して私利私欲から発した行動ではない。利家には自信があった。だから信長の怒りは意外
だった。普段利家を弟のように可愛がり、どこへ行く時でも、
「イヌ（利家の通称は犬千代なので、信長はイヌ、イヌと呼んでいた）、ついて来い」
と供を命じた信長が、あんなに怒るとは思わなかった。ましていまの職をクビにし、浪

人させられるなどとは予想もしなかった。利家は落胆した。

「尊敬する信長様はあんな程度のお人だったのか」

と絶望した。

不遇になるとよく見えてくること

それに加えて、周囲の連中の変わりようはこれもまた予想を超えていた。

「あいつだけは」と思っていた連中が次々と背を翻《ひるがえ》らせ、利家を冷たい目で見るようになった。遠ざかる者もいた。中には、

「ばか者め」

と罵《ののし》る者もいる。

(何という人の心の変わりようか)

利家はしみじみと人間の心のあてどのなさを感じた。

ここに書いたような経験は、ビジネスマンなら誰でも味わうのではなかろうか。それはたんに不遇な状況に陥ったということだけではない。不遇な状況に陥った原因が理不尽なのだ。不条理なのだ。だから納得できない。

「なぜ自分はこんな目にあうのか」

とその不条理さに腹が立つ。そして、そういう人事を行うトップにも、

「全く人を見る目がない。あの人の目は節穴だ」

と、どす黒い怒りが込み上げてくる。しかし、やはりトップは大きな権力だ。その権力の命ずる扱いなのだから、抵抗のしようがない。トップだけではない。トップを囲む多くの先輩や同僚たちも同じ目で見ている。つまり、

「トップの処分は正しい」

という目だ。しかしこっちはその目に対して、

「それは正しくない。みんな間違っている」

と、独りよがりの正義感に立ち位置を置いて、逆に睨みつける。そんな時、柴田勝家だけは時折訪ねてきて、

「一人、正義派ぶってもだめだ。多くの賛同者がいなければ、どんなに正しいことでもそれは支持を得られない」

と意見する。はじめのうちは、

「柴田殿までそんなことを言うのか」

と思っていたが、浪人生活を長く続けて冷静になってくると、柴田の言葉にも一理あるような気がしてくる。つまり、

「たとえ正義とはいえ、自分一人では成り立たない」

ということに気づくのだ。一人で成り立たないということは、支持者がいないということだ。支持者がいないということは、つまり自分の唱えている理に説得性がないということだ。つまり、

「独りよがりの正義」

なのである。

どんなに優れた部下でも越権は許さない

わたしは、この事件を考えるたびに、「利家をクビにした信長の気持ち」について考えてみる。それは、トップ（社長・経営層）・ミドル（中間管理職層）・ロー（実働層）という組織を形成する三層の「権限」の問題についてだ。ひと言でいって組織では、

「決定権を持つのはトップただ一人だ」

という鉄則がある。その組織の重大なこと、たとえば人事や予算などを決める権利はト

ップ以外ない。つまり社長以外にいない。どんなに優秀でも、重役や管理職、一般社員には、決定権はない。社長以外の者は、

「意見や選択肢を提供することはできても、その中から一つを選ぶ決定権を行使する立場にはいない」

ということである。かつての太平洋戦争での日本の敗戦の大きな原因は、このことに関わっている。つまり、軍の決定権はすべて司令官にある。参謀にはない。しかし戦争の経過を見ていると、時に司令官が司令官の職務を果たさず、逆に参謀が司令官の権限の中にまで入り込んだ向きが多々あった。そのために作戦を誤り、陸軍も海軍も思わぬ敗北を喫してしまった。海軍のミッドウェー作戦や陸軍のインパール作戦などはその例だろう。つまり、それぞれが、

「自分の立場における権限の限界と責務」

を忘れて、お互いに侵入行為を繰り返したのである。

信長が利家を罰したのは、信長はトップとしての権限をよくわきまえていたが、利家にはそれがなかったということだ。信長も、

「織田家の重要事項についての決定権はおれ一人にある」

と思っていた。重要事項の中には、人事や予算の決定も入る。信長は、

「利家に言われなくても、茶坊主の専横ぶりはおれもよく知っている。だからといって、茶坊主の言うことを一々真に受けて、おれは人事その他の重要事項を決定しているわけではない。おれなりの判断によって行っている」

と思っている。だから、茶坊主に専横な言行があるとしても、それを斬る（つまり抹殺する）ということは、信長の持っている人事決定権に利家が入り込んできたということだ。

「だから、おれは利家を罰した」

と信長は思っていた。つまり信長の組織観からすれば、

「利家は可愛いやつだ。しかしこれは私感情であって公感情ではない。公を重んじなければいけない組織の秩序維持という観点からすれば、利家の茶坊主斬殺はかれの立ち位置の権限を超えている。組織の秩序を守るためには、どんなに可愛い部下であっても越権は許さない。だから罰した」

ということになる。

こういう信長の組織観・秩序観・権限観がはたして利家にどれだけ通じたかわからない。

わたしは信長の人事について非常に興味があり、つぶさに眺めている。信長は自分の家臣

に対し、

一、言わなくてもわかる部下
二、言えばすぐわかる部下
三、いくら言ってもわからない部下

の三つに分けていたように思う。一と二は問題ない。しかし三は厄介だ。信長の人事方針を見ていると、三についてはかなり厳しい扱いをしている。

信長が示した非情な人事

信長は、前述したように「天下人の事業として〝あゆち思想〟を実現したい」という政治理念を持っていた。この理念に対し言わなくてもわかる部下は、後年において羽柴秀吉と明智光秀だ。他には少ない。気の短い信長は、いきなり三に向かう。三の部下たちに対してはどうしたか。乱暴な見方かもしれないが、わたしは、

「三のいくら言ってもわからない部下は、絶対に管理中枢機能（本社）では使わない」

という方針を貫いたのだと思う。柴田勝家を北陸方面に派遣したままついに本社には戻さなかった。前田利家も同じだ。丹羽長秀《にわながひで》や滝川一益《かずます》についてもそうだ。その全てが、父の信秀以来の重臣である。これらの古い層は信長から見て、

「とてもこの連中はおれの〝あゆち思想の実現〟という政治理念を自分のものとし、与えられた場所で実行できるとは思えない」

という断定を下した。だから遠隔の地に派遣したまま二度と本社には呼び戻さなかった。前田利家がこの中に入っているのは、執念深い信長にしてみればやはり若き日におれに背いた、おれの権限を侵した、という考えがなかったとは言えない。

信長が、自分に傷を与えた者に対する報復心を長く維持し、やがて爆発させるのは、たとえば佐久間信盛《のぶもり》などを三十年前の罪によって高野山に放逐《ほうちく》していることなどを見てもわかる。その信長に最も信頼され、出世させてもらった豊臣秀吉にしても、『名将言行録』の中で信長のことを、

「信長公は猛将ではあったが決して良将ではない。それは、いったん恨みを抱いた者をとことん最後まで追及するからだ。信長公の恨みは深く、必ず報復する」

という意味のことを書いている。あれだけ世話になった信長をこのようにクールに批評

するのはちょっと意外だが、秀吉の見方は正しい。だから前田利家は、北陸の地（加賀）に置かれたまま二度と信長の近くに戻ることはなかった。わたしはその遠因は茶坊主斬殺にあったと思っている。

ただ、これは信長が利家への愛と憎しみの狭間にあって、結局は憎悪の立場に立ったのか、あるいは、組織維持のためにやむを得ず「泣いて馬謖《ばしょく》を斬った」のか、そのへんはわからない。

不条理を受け入れる男の度量

一方、そういう扱いを受けた利家は、必ずしも信長をいつまでも恨まなかった。利家は信長の政策に、「政治と文化の二つがある」と見抜いた。つまり利家のほうは信長の〝あゆちの思想実現〟を正確に理解していた。信長の政治には茶道を中心にした「文化」がある。利家はおそらく、

「おれは政治性に欠ける面がある。腹にないことは言えないし、秀吉のようなおべんちゃらも言えない。しかし信長様の理念（あゆち）実現のためにはどうしても政治性が要るのだ。信長様はおれの欠陥を見抜き北陸に残した。二度と信長様のお側近くに行けないのな

ら、政治の面でお手伝いはできないが、文化の面ではお役に立てるだろう。自分の領国を
文化立国にしよう」
と考えたに違いない。だから加賀百万石の祖になったかれは、自分の領国を〝文化の国〟
にした。そして文化製品を多く生んだ。その伝統は代々引き継がれた。
ちなみに金沢に行って「すばらしい観光都市ですね」と言うと、「金沢は観光都市じゃ
ありませんよ、文化都市です」と言う市民がいる。利家精神は立派に生きている。
利家の立志は健気《けなげ》だ。二度と本社へ呼び戻してくれない信長を恨むことなく、主人の政
策の一端を北国で見事に花咲かせたのである。しかし利家にすれば、それによって政治家
としての半面を諦めるわけだから、生き甲斐の半分を自ら失うということになる。悲しか
っただろう。
後年、利家は豊臣秀吉によって大坂城に呼び出される。そして「五大老」の一人になる。
しかし秀吉が利家に頼んだのは、政治の補助ではない。
「息子秀頼の養育をお願いする」
ということであった。政治の面は徳川家康が取りしきった。この時の利家の心境も忖度《そんたく》
すれば、やはりあまり嬉しいことではなかっただろう。

（若い頃、あれほど面倒を見た秀吉も、信長様と同じなのか）

という寂寥感《せきりょうかん》がひしひしとかれの身を噛んだに違いない。

しかし、利家は与えられた職務をなげうたなかった。よく秀頼の面倒を見た。秀頼を通じて、家康を牽制した。秀吉亡き後の豊臣政権の安泰を図ったのである。

その利家も慶長四（一五九九）年に死んだ。関ヶ原の合戦が起こるのはその翌年のことである。

その頃すでに対立していた大名たちは、安全弁として存在した利家が疎《うと》ましかった。だから、利家が死ぬと同時に戦いの火ぶたを切ったのである。その意味で利家は、

「信長や秀吉が考える以上に、大名たちの抑えとしての重要な存在」

だったことは事実だ。しかし、利家自身にその意識がなく、

「与えられた北陸の地を、文化都市にしよう」

という願望の実現に力を注いでいたから、天も、

「利家自身がその気ならやむを得ない」

と思ったに違いない。これは、いわば運のボタンの掛け違いであり、誰も利家の資質を完全に見抜けなかったといっていいだろう。その発端はやはり利家が若き日に茶坊主を斬

った事件にある。これは明らかに信長による、

「利家の見間違い」

であった。こういう不条理・理不尽なことは、とくに人事においてよくあることだ。

しかしこの利家の生き方はとても参考になる。それも不遇な目にあった人間には勇気を与えてくれる。不遇の中に新しい目的を発見するからだ。発見というより創造といっていい。

しかも自分をそういう目にあわせたトップを決して恨まない。トップのやりたいことで、別の面で協力できないだろうか、とあらためてトップの理念や目的を分析しなおす。この積極性が利家にはあった。

そしてそれが、結局は利家自身を文化大名として大成させたのだ。

きれい事だけでは動かぬ組織にあって

厄介者でもあった名与力・大塩平八郎

大塩平八郎という人物がいる。江戸後期の大坂町奉行所の与力として名高い。平八郎

というのは通称で、本名は正高、号は中斎だ。代々天満与力を務め、かれ自身も文化三（一八〇六）年頃からこの職に就いた。天保元（一八三〇）年に退職するまで、職務に精励して、〝名与力〟と称された。扱った事件としては、キリシタン逮捕・奸吏《かんり》糾弾《きゅうだん》・破戒僧侶処断などがある。いずれも、

「正義に背く者」

として処断している。

時の上司は高井山城守実徳《やましろのかみさねのり》といった。信任された。高井は大塩の執務能力だけでなく、学力も評価した。大塩は陽明学者である。誰に学んだかは明らかではないが、独学だったろうといわれる。しかし、大塩は圭角《けいかく》の人物で、慕う者や、あるいは高井のように評価して信頼する者は少なかった。大塩自身も、孤高の念が強く、孤独であることを別に気にもしなかった。おそらく、

「自分がおかしいのではなく、周囲のほうがおかしいのだ」

と思っていただろう。しかしその大塩も、上司である高井実徳には入れ込んだ。

「高井様のおっしゃることなら全て従う」

と従順だった。

高井は天保元年に江戸城西の丸留守居を命ぜられた。大坂町奉行というのは幕府役人にとってエリートコースだ。ここから大坂城代になり、江戸城に戻っていく人物が多い。高井もその一人だった。ところが高井は、自分が異動する時に大塩にこう告げている。

「おまえも大坂町与力として、十分な功績をあげた。政務のほうの実績は申し分ない。このまま大坂町奉行所に置いておくのは惜しい。もしも江戸城でわしが多少人事にも口がけるようになったら、おまえを必ず幕府に呼ぼう。ここで発揮した能力を、今度は中央において十分に発揮してもらいたい。その日を楽しみに待て」

大塩はこれを信用した。いまでいえば、大阪市役所の一役人が、中央省庁（それも総務省か財務省）に行って、力を発揮しろと言われたのだ。役人として喜ばない者はいまい。しかし、この時高井は大塩に条件を付けた。それは、

「わしが呼ぶのを待つ間、家塾を開いておまえの得意な陽明学を後進に教えろ。しかしそのためにはもう町奉行から去って、自由人になるほうがよい」

すらっと読めば何の不思議もない。そろそろ隠居して、自分が呼ぶのを待てということだ。大塩はこれに素直に従った。家塾を開いた。「洗心洞《せんしんどう》」と称した。

上司による狡猾《こうかつ》な人事操作

わたしはこれに引っかかった。つまりすらっと読めば何でもないことだが、やはりおかしいと思ったのである。大塩は純粋に高井を信じた。が、わたしは信じない。

（高井はおかしい）

と感じた。高井が自分の言葉通り、江戸城に行ってさらに立身し、人事を左右できる立場に立った時に、大塩に声を掛けて、中央へ呼び出すと約束した。しかし本当にその気ならば、別に大塩を退職させる必要はない。隠居させて家塾を開かせ、その状況で、

「自分が呼び出すのを待て」

という必要はない。大塩を現職のままにしておいて、そのまま呼び出したほうが、地方から中央に立身のルートがつながる。いったん退職してしまえば、大塩はただの浪人になってしまう。そんな立場の人間を、たとえいままで主従の深い縁があろうと高井が呼び出すのはおかしい。

（高井の魂胆に何かある）

わたしは勘ぐった。何を勘ぐったのかと言えば、

（高井山城守は、大塩を隠居させるためにそういうおいしい餌をぶら下げたのではないの

か？）

という疑いである。在任中、高井は確かに大塩を信頼し、かなり職務の権限を任せて思い通りにさせた。しかし考えてみれば、これは狡猾な上司のやりかねない人事操作だ。つまり、

「信用しているふりをして、相手を信用させ、結果的にはだます」

というやり方だ。卑劣で汚い。こういう餌を投げられれば、やはり役人にすれば、立身欲があるからどうしても飛びつく。まして相手は信頼する上司だ。

（この人が嘘をつくはずがない）

と思い込んでいる。大塩は陽明学者だから余計思いが純粋だ。したがって、相手の高井にすれば大塩が、

「お言葉通りに致します」

と応じたので、腹の中では、

（うまく行った）

と思っただろう。

市民の間では〝名与力〟の名が高くても、役人世界では大塩はやはり問題児だった。

「与力の分際で、常に上司の奉行に苦言を呈し、批判する。まったく鼻もちならない厄介な存在だ」

というのが、伝統的に奉行間に引き継ぎ事項として伝えられていた。

うるさ型の部下にどう対応するか

大坂には、東町奉行所と西町奉行所の二つあったが、東西の奉行は、それぞれの個性によって、大塩のようなうるさ型の部下への対応が違った。

・「与力風情に左右され、振り回されてたまるか」と、大塩が何を言っても耳を貸さない奉行

・早く江戸城の要職に就きたい、と考え、「大坂奉行所在任中はトラブルを起こしたくない、平穏無事に過ごしたい」と、〝大過ない〟勤務実績を残そうとする奉行

・与力風情で、上司の町奉行にやかましく意見をするとは何事だ。分《ぶ》をわきまえろ、と言って、頭から大塩の言を押し潰す奉行

などに分かれる。しかし、高井の時代には東西奉行とも、

「波風を立てずに、大塩の言うことは何でもはいはいと聞いておき、その中で実現しても利のないものは聞き流しておけばいい」

というような対応に落ち着いていた。そして実際に、そういう申し合わせがあったと思われる。つまりどんなにいいことを言っても、上の連中は聞く耳を持たない。

「黙って耳におさめるふりをすれば、大塩は満足する」

という、悪辣な対応策を申し合わせていたのである。

きれい事だけでは世の中は渡れない!?

高井山城守が江戸城に去ってから三年目に、矢部駿河守定謙《するがのかみさだのり》が大坂町奉行に赴任してきた。堺奉行からの転任だ。矢部が赴任したのは西町奉行だった。矢部はいきなり隠居した大塩のところにやって来た。そして、

「大坂の町奉行になったら、必ずおぬしのところに行って挨拶し、いろいろと意見を聞くことが町奉行の職を全うするのに一番必要だと聞いた。どうか、よろしく頼む」

と挨拶した。大塩はまだ高井を信じて、かれからの呼び出しを待っている時期だったか

ら、素直に受け止めた。矢部は後に、勘定奉行に栄転し、江戸南町奉行にも立身する。当時の老中筆頭（総理大臣）は水野越前守忠邦《ただくに》で、〃天保の改革〃を展開中だった。水野の改革は〃上下慄《おのの》くばかり〃と言われるほど凄まじいものだったので、やがて水野は失脚する。この時矢部は市民側に立って、水野の改革政策にいろいろと反対をして左遷されてしまう。その限りでは正義漢だったようだ。

ただ、大塩は後に反乱を起こした時に、矢部の町奉行の行状を暴露し、

「国を乱す奸佞《かんねい》の徒」

と糾弾する。したがって、矢部は大塩に接近して、いろいろと教えを乞うとは言ったものの、大坂西町奉行としてはやはり不正を働き、大塩の目に余る行動があったようだ。

となると、わたしはゲスの勘ぐりで、さらに矢部の行動の底にある考えを掘り起こさずにはいられなくなる。それは、矢部も高井と同じことを大塩に告げ、もっと言えば、江戸城の高井から示唆を受けていたのではないかと疑うのだ。それは、

「大塩の機嫌を取り続け、在任中はうまくやれ」

という助言である。矢部は決して凡庸な人物ではなく、大岡越前守に匹敵するような業績を残している良吏《りょうり》だ。しかし、見えないところではいろいろあったらしく、後に藤田東《とう》

湖《こ》（水戸学の学者）にこんな相談をしている。

「わたしは大坂にいた時、多少悪事に身を染めた。そしてその資金を、幕府要路の人間に献じて今日の職を得た。こんなわたしを先生はどう思うか？」

この問い掛けに対し、藤田はこう応えている。

「おぬしが立身して、その職でなければできない民衆のための仕事をするのであれば、多少その職を得るために汚れた手段をとっても、それは浄化される」

藤田は思想家だから、アバウトな言い方で矢部を励ましたのだろう。したがって、大塩が摘発した矢部の悪事というのは事実だったに違いない。矢部は老獪《ろうかい》な政治家だ。高井以上に腹が黒い面もある。したがって大坂西町奉行在任中は、大塩を大いに持ち上げて、自分の職責を全うしようという考えがなかったとは言えない。

焦りをつのらせた大塩

高井の勧めで退職した大塩は、その後高井からの呼び出しを待ち続けたが、なかなか良い便りは来ない。大塩も人間だから、塾を経営して門人を教育しながらも、心の一部ではそういう期待を持ち続けていたと思う。

しかし、思うようにならない。大塩は、一人になるとそのことを考え、焦る。その焦りが、塾の教育にも表れてきた。

この頃の大塩の教え方には、多少気の短いところがあり、門人たちに対しても厳しい態度をとったと伝えられている。場合によっては、体罰を加えることもあった。冬の寒さが厳しい時にも、戸を全部開け放して寒風を屋内に取り入れて、門人たちに耐えることを求めたという。これはたんに門人たちの学問の理解が満足いくものではなかったということだけではなかろう。大塩の心の一角に、

（高井様からまだ呼び出しが来ない）

という焦りも助長していたのではなかろうか。そして、その大塩に決定的な運命が訪れた。

「どこを」向いて仕事をするか

それは、新しい東町奉行に跡部《あとべ》山城守良弼《よしすけ》が赴任してきたことである。跡部は当時の老中筆頭水野忠邦の実弟だった。東町奉行の矢部はその後昇進して江戸城で勘定奉行になっている。当然、大坂へ赴任する跡部に対し、

「大坂には隠居はしているが町奉行所の元与力で大塩という男がいるから、これには十分

配慮したほうがいい」

と助言したに違いない。が、跡部は聞く耳を持たなかった。赴任すると同じことを跡部に吹き込む者がたくさんいた。が、跡部は、

「現職ならともかく、隠居の助言には耳を貸さない」

ときっぱり言い切った。そしてその通り実行した。いくら周りから、

「少しは大塩の助言を聞いたほうがいい」

と言われても、跡部は強く首を横に振った。そして、

「隠居風情が何を言うか。大塩の意見を聞けというのは江戸を発する時から耳にタコができるほど聞いている。しかしわたしは聞かない。自分の思う通りに仕事を行うだけだ」

ときっぱり言い切った。跡部も、いつまでも大坂にいるつもりはない。ここを一つの踏み台として、早い機会に江戸城に戻りたい。そのためには、江戸城の気受けをよくするような功績をあげることが必要だ。ちょうど、将軍の家に吉事があった。そこで跡部は、部下に命じ、

「大坂にある米を大量に江戸に回せ」

と命じた。このことが大塩の耳に入った。大塩は飛んできた。跡部に膝詰め談判で、

「現在の大坂は飢饉で、民が飢えに苦しんでいる。そんな時に、たとえ将軍家の吉事であろうと大坂から江戸に回米をするなどもっての外だ。至急中止してください」

と頼んだ。しかし跡部は聞かない。口論の末、跡部は、

「おまえは従来からとかく噂がある。いままでの奉行はおまえの言に従ったかもしれないが、わしは聞かぬ。隠居の身で差し出がましい真似をするな。帰れ！」

と激しい口調で拒否した。大塩は怒った。

結果、大塩は自分の蔵書や家財を全部売り払い、幾ばくかの金を得て米を買い、それを窮民に施した。それだけでなく、檄《げき》（人びとを奮い立たせて、積極的な行動をとるよう勧める文書）を門人や知人に飛ばした。そして、決起を促した。

大塩、ついに決起す！

天保八（一八三七）年二月、大塩平八郎はついに決起した。洗心洞の門弟の一部や近在の農民たちがこれに参加した。決起の矛先は、大坂船場《せんば》の豪商たちである。これを襲撃した。乱はしかし一日で鎮圧された。ただ、火が発生し大坂の市部の多くを焼失させた。世に言う〝大塩平八郎の乱〟である。大塩にすれば、それまでの心理的な鬱積を考えれば必然

的な乱だ。

「これ以外、解決の方法はない」

という結論を得て、かれは立ちあがった。しかし、クールに見るとやや唐突な感がする。

わたしは、これも〝ゲスの勘ぐり〟で、

「大塩が乱を起こした心の奥底には、はたして高井に対する怒りがなかっただろうか？」

ということを考える。つまり、

「わしは今度江戸城へ行くが、いずれ機会を見ておまえを江戸城へ呼ぶつもりだ」

というひと言に、最後まで希望の細い糸をつないでいたのではなかろうかということだ。

いっぽう、高井にははじめからそんな考えはなかったと思う。つまり、

「大坂町奉行所、というより大坂政界の持てあまし者である大塩平八郎を、はたして中央の徳川幕府に招いて思うような仕事をさせるだろうか」

という、幕府高級官僚の心理を考えると、

「それはあり得ない」

という結論にならざるを得ないからである。そんなことをすれば、今度は高井が周りから指弾される。高井はもはや老年だ。せっかく得た江戸城西の丸留守居を、大過なく無事

に勤めあげたいに違いない。そうなると、

「過去のことは忘れよう」

と、多少大塩に対する信頼の念があったとしても、あえて江戸城を混乱させかねない爆薬を抱えることに踏み切るだろうか、という疑いを持つ。となると、その心理的経緯は別にして、やはり高井には、

「大塩を呼ぶ気はなかった、あるいは途中でなくなった」

と言わざるを得ない。

出世至上主義者たちの犠牲者

矢部にしても同じだろう。大坂町奉行所にいる間は確かに大塩の知恵を借りたり、経験話を聞いたり、あるいは人脈を利用して、自分がよりよい町奉行の評判を立てるという意味では、大塩の利用価値はあった。が、矢部にしても、

「中央への志向」

がある。江戸時代の役人にすれば、志ある者は必ず、

「江戸城に行って、自分の志を実現したい」

と思うのは自然だ。それがないのは本当の幕府役人とはいえない。現在でさえ、地方庁の役人を中央政府が呼んで活躍させるというのは、それほど多くはなかろう。人事交流があったとしても、結果的には古巣にそれぞれが帰っていくというだけだ。大塩が高井の話を聞いても、はじめから、

「わたしにはそんな能力はありません。どうぞお忘れください」

と言っていれば別だが、わたし自身は大塩の心の底にある野心というか志に、高井は火を点けたと思う。

陽明学者というのは、

「知行合一《ちぎょうごういつ》」

を旨とする。

「学んだことは必ず行う（行わなければならない）」

ということだ。大塩はその主義に生きた人物である。したがって、洗心洞という塾で教えていたことはまさにこの、

「知行合一」

である。教える者が自分の教えることを守らなくて、なんで門人が守るだろうか。大塩

は責任感の強い人物だ。したがって、

「門人に教える以上は、まず自分が実行しなければならない」

ということだ。乱を起こしたのもその「知行合一」の実践だったのだ。それは奉行所与力の時に立てた手柄の数々が、かれにすれば、

「すべて陽明学に則って、この世の不正を正したまでだ」

ということになる。クールに考えると、大塩はその、

「不正を正せる立場」

にいた。町奉行所与力というのは、かなりの権限を持っている。不正を犯した者を正しても、それはごく当たり前の権限の行使であり、とくに新しい権限の付与を必要とするわけではない。大塩の功績が際立つのは、他の与力や役人が不正を目の前にしても正さなかっただけだ。それが大塩の「現状不満」であって、同時にそれは町奉行不信につながる。


その中で、高井や矢部は大塩の正義感を大いに励まし、思うように仕事をさせてくれた。が、それは表面だけのことであって、実際には大塩の正義感が都合よく利用されたことになる。

乱を起こした時の大塩の心の底にはいろいろな思いが湧き上がってきたはずだ。最後ま

で信じていた高井の言葉が、いまは一枚の木の葉のように軽いものとなり、しかも色を失って地に落ちてしまった。大きな絶望感と虚無感がかれの心を襲ったことだろう。

だまされた大塩

ゲスの勘ぐり的にいえば高井は大塩をだましたのだ。高井も中央（江戸城）から来て、いずれは中央へ戻りたいエリート官僚だ。そのためには派遣された地方で実績をあげなければならない。

高井は老獪な人間だ。「町奉行として裁判などで実績をあげるのは誰にでもできる。他の人間にやれないことをやろう」と考えた。その〝他人のやれないこと〟を「大坂町奉行所から大塩色を消すことだ」と決めた。別な言い方をすれば「大塩を潰すこと」だ。町奉行の引き継ぎになっている大塩は、

・学識経験が深い
・世襲の家である
・行政能力もすぐれている

・代々の奉行も教えられることが多い
・そのため在任中は奉行のほうが大塩の顔色をうかがいご機嫌をとるようにしている
・しかし心の中では大塩をきらい、うとましく思っている
・誰もがそんな大塩を退けたいのだができない
・それは町奉行所の役人に大塩の心酔者がいるのと、大坂市民や近在の農民たちに信奉者が多いからだ

高井はこの現象にあることを発見した。それは大塩とその支持者たちの結束が〝大坂ファースト〟だったことだ。江戸や幕府のことなんか考えていない。大坂さえ安泰ならばそれでいいのだ。

高井は自分が潰すべき敵は大塩個人ではなく、大塩を核とする〝大坂ファースト〟だと目標を設定した。その意味では歴代の町奉行の中で高井が一番の中央エリート官僚だったかもしれない。大塩を信じさせ裏切ったからだ。いや裏切るために信じさせたのだ。

高井は、この〝大塩潰し〟に才知を傾け全精力を注いだ。ある時期には「このためには大塩と心中してもいい」と本気になったこともある。そうでなければ大塩にその企《たくら》みを見

抜かれていたはずだ。

改革は一人ではできない

わたしは、この大塩の悲劇のようなことが、現在もあちこちの組織で行われているだろうと思う。つまり、

「美味しい餌で釣り上げて、結局は約束した人事を実行しない」

ということだ。わたしが一番憎らしく思うトップのやり方である。

こういう、

「甘い餌で人の心を釣り、その期待心を利用してうまく操っていく」

という人事操作を行う上層部は、いつの世にもいる。そして、それが実現しなかった場合には、

「おれが一所懸命推薦しても、もっと強力な反対者がいたのだ」

などという言い訳で片づけてしまう。しかも、その人物が本当に心を込めて約束した人間を推し出そうとしていたのかどうかは疑問だ。手を抜いていても、そういう言い訳で済ましてしまう人間もいる。

大塩平八郎はその犠牲になった。ただ、わたしが他の例も交えて考えたのは、大塩が目指した「改革」は、そうそう簡単に成し遂げられることではないということだ。大塩の信念は正しい。しかしこの大業を実際に行うにはたった一人では駄目だ。孤独では駄目だ。やはり、

「志に同調する仲間」

が必要なのである。そしてその仲間（同志）も、その実行者が属する層だけでは駄目で、やはり組織におけるトップ・ミドル・ローの各層に、共鳴者を得ることが必要だ。

天が示した一掬《いっきく》の涙

財政が破綻《はたん》しかけていた米沢藩を立て直した名君・上杉鷹山《ようざん》が展開した改革においても、第一次は失敗している。それは、鷹山が江戸藩邸に集まっていた、

「米沢本社から追われたトラブルメーカー」

だけを頼りにして改革チームを組んだからだ。やはり本来の改革は、むしろ、

「国許米沢の改革者」

を探し出し、これを本体として、江戸組は補完的な役割を果たす使い方をすべきだった

ろう。鷹山は改革を成功させるために、いったんは隠居した。そして忍耐強く機運が熟すのを待った。その間にかれの政策はほとんど廃止されてしまった。

しかしやがて「鷹山公の改革は正しい。戻すべきだ」という声が下級武士と住民の間から上りはじめた。声はたちまち大合唱になった。乞われて鷹山は再び改革の第一線に立った。

改革には、多くの時間と多くの協力者が要る。それを抜きにしては、短時日で改革は成し得ない。鷹山の言う、

「為せば成る」

も、慎重な準備と時間をかけた仲間づくりが前提となるのだ。

だからこそ、わたしは大塩の乱が短い期間に企てられ、いきなり暴挙的に展開されたのは、やはり、

「大塩の心の中に何か焦りがあったのではないか?」

と思うのだ。焦りとは言うまでもなく、

「美味しい言葉を吐いたまま江戸に行ってしまった高井という上司の、約束の実行」

が、待てど暮らせどついに実行されなかったことに対する怒りと、無念さと、絶望の念がない交ぜになって、かれがついにキレたのだと思う。

大塩が謀反を起こしたという話を聞いて、飛び上がって喜んだのが上役奉行だった跡部良弼だ。かれはすぐ武装を整え、

「わしが鎮圧の先頭に立つ！」

と言って、馬を用意させた。そして、いったん奉行所を出て大塩軍に立ち向かった時、大塩側では大砲を放った。当時の大砲の弾は、丸い弾丸がただ転がってくるだけで、炸裂するわけではない。現代の解体現場のように、砲丸は建物などを破壊するだけである。しかし、いずれにしても大きな爆発音がした。そのため跡部が乗っていた馬が驚きヒヒーンと鳴きながら、前足を高くあげた。途端、馬上の跡部は転がり落ちた。多くの役人や市民が見ていた。一斉に囃し立てた。跡部は大恥を掻いた。これがせめてもの大塩の鬱憤《うっぷん》晴らしになったかもしれない。

跡部は純粋に大塩を憎んでいた。高井や矢部の話を聞いて、

「大塩などという問題児の言うことは、絶対に耳に入れない」

という毅然とした態度をとり続けた一人だ。その意味では、跡部はトップとして筋が通っている。が、結果的には無様な醜態を晒して大坂の物笑いになるという結果を招いたのである。これは、あるいは大塩の正義感に共感し、その不運に自分の力のなさを感じてい

た市民の思いに対し、天が示した大塩への一掬の涙だったかもしれない。

乱に敗れた大塩は、一カ月の間民家に潜伏していたが、やがて発見された。捕吏《ほり》に囲まれた大塩は、その家に火を放って自決した。

ただ、この大塩の乱は日本各地に伝わり、心ある人びとを震撼させただけでなく、類似事件が何カ所かで起こっている。そのためだろうか、識者の中には、

「明治維新は、大塩の乱からはじまった」

という説を唱える人もいる。

第三章

忘れられていた歴史にこそ「日本人の誇り」

われわれは、われわれの歴史の中にわれわれの未来の秘密が横たわっているということを本能的に知る

——思想家・岡倉天心

歴史に見る日本人の先進性

世界初の「協同組合」をつくった日本人

国際連合（国連）は毎年「〇〇〇年」と銘打って、その年に設定したテーマで世界中の各国が、それぞれ認識を高める活動を進めている。二〇一一年に「国際協同組合年」というのがあった。世界各国にある「協同組合」の意義をあらためて考え直し、その活動を活発化しようという企てだ。

協同組合というのは、農業協同組合や信用組合や生活協同組合などのことだ。日本でもいろいろな協同組合が活躍している。しかし、たまたまこの年に日本では東日本に大災害が起こった。そのために、政府もマスコミもその被害を直視し、復興に力を注がなければならなかったので、国連の提唱に十分応ずることができなかった。それでも有志が集まって、国連の「国際協同組合年」を意義づけようと努力した。わたしはＪＡ（日本の農業協同組合）の研修部門に関わりを持っていたので、参加した。

資料によると、世界で最初に協同組合をつくったのはドイツやイギリスだという。パン職人やモノづくり職人が集まって、自分たちの利益を守るべく結成したものだ。

つくられた時期を日本の歴史に当てはめてみると、天保年間（一八三〇〜四四）の後期だ。わたしは、年表を手繰ってみた。求めるものが見つかった。胸が躍った。

わたしが確かめたのは、二宮金次郎の〝無尽システム〟の創設と、学者大原幽学《ゆうがく》の「先祖株組合」の設立年月だ。

幽学の「先祖株組合」の設立は天保九（一八三八）年。二宮金次郎の「無尽システム」に至っては、文政年間（一八一八〜三〇）のことである。イギリスやドイツの組合の結成よりも、はるかに古い。

それを知って、わたしは何とも言えない感慨に襲われた。封建制の真っただ中で、金次郎や幽学のつくった協同組合の設立のほうが、イギリスやドイツよりも早かったのだ。とくに金次郎の「無尽システム」の創設は、何十年も前のことになる。

「まず、心を交流させる」ことの重要性

金次郎の無尽システムというのは、かれが生まれた小田原の地を治める大名家の家老の家に、財政再建のために住み込んだ時に、使用人たちの困窮状況を見て、

・互いに金を出し合う
・集まった金を、まず一番生活の苦しい人に貸し出す
・貸し付けを受けた人間は、たとえわずかでも利子を払う
・それによって、基金が少しずつ増えていく
・この運用を永続させる

というものだ。これが後の信用組合（金庫）になり、金融機関の一角を占めることになる。幽学の「先祖株組合」というのは、

・農民が所有地の一部を互いに提供し合って、協同の財産をつくる
・協同財産の運用によって得た利益は組合のものとする
・得られた利益は、共有とし、組合員の中で困窮者に優先して貸し付ける
・金次郎の無尽システムと同じで、利用者は低利の利子を払う。これによって基金を増やしていく

そして、金次郎と幽学の根本理念は、たんに金の融通による困窮者救済だけにあったわけではない。「なぜ、農民は困窮するのか」という構造的な根本問題に触れている。

そして、それを克服するためには、「まず、農民自身の意識を高める必要がある」ということで、儒教を持ち込んだ。儒教の〝人間の生き方〟を根底において、まず組合員の意識改革を急ぎ、意識のアウフヘーベン（止揚）を図ろうと策したのである。

幽学は農政学者であるとともに道学者（道徳学者）だから儒教にくわしい。金次郎も自分なりに孔子や孟子の教えを取り入れて、独自の農民哲学を生み出していた。二人がつくった協同組合の会員は、ともに、

「まず、心を交流させる（幽学は「情を施《ほどこ》す」と言っている）」

ということを求めた。心を交流させるというのは、孔子の「恕《じょ》（思いやり）の精神」、あるいは孟子の「忍びざるの心（他人の苦労を見るに忍びず救助の手を差しのべる心）」を身につけるということだ。これは、

「いつも相手の立場に立って物を考え、その悲しみや苦しみを共有する」

ということだ。言ってみればヒューマニズムである。人間愛を持って、互いに問題を共

有し、考え、解決しようという姿勢のことだ。その意味では、金次郎も幽学も同じことを相手に求めている。もちろん、自分たちも実践した。

ＪＡでは、指導者が必ず、

「協同組合は、金による結びつきではない。人と人との結びつきだ」

と告げる。人と人との結びつきというのは、ここで言う、

「恕の精神や忍びざるの心を持って、他人に起こっている悲しみや苦しみを他人事とは思わない。自分のこととして考え、一緒に解決する」

ということだ。

忘れかけていた歴史が輝き出す時

外国の協同組合の実態がどういうものかつまびらかでないが、わたしは日本の協同組合の、「心と心の結びつきだ」という前提に、誇りを感じる。つまり、

「日本の協同組合は、江戸時代から世界に誇るべき先進性を持っていた」

と思えるからである。そしてこのことは、国連が「国際協同組合年」を唱導しなければ、最後まで気がつかなかった。金次郎や幽学の行跡としては知っていたが、まさか二人の行

跡が、

「世界的にもその先進性を誇るべき事績」

であることは、永遠に気づかないで終わっただろう。こういうように、世界的な行事が呼び水となって、日本の底辺における忘れかけていた歴史が大きな輝きを持つような認識を与えられることもあるのだ。

わたしは二宮金次郎や大原幽学に対し、あらためて尊敬の念を持った。

〝半歩先〟の手を打つ先見力

日本の開国は二度あった

幕末に、日本国内を騒がせたのはアメリカからやって来たペリーだ。かれは四隻の黒船を率いて浦賀湾に入ってきたので、日本中が震撼《しんかん》した。

太平の　眠りを覚ます　蒸気船（上喜撰）　たった四杯《しはい》で　夜も眠れず

と落首が詠まれた。日本人を驚かせただけではなく、歴史的にはこれが「明治維新のはじまり」だと言っていいだろう。

「維新はどこからはじまったか」というのは、専門家の間でもいろいろな意見があるらしいが、わたしは単純に、「ペリーが日本にやって来た時からはじまった」と思っている。

この時（一八五三年）日本側の政治責任者（幕府の老中筆頭、現代でいえば総理大臣）は、備後（広島県）福山の藩主阿部正弘。先祖以来伝統的な徳川家の譜代大名だ。

阿部は二十歳代で老中になった俊英だ。しかし、保守的な人物ではなくむしろ開明的だった。かれはペリーが渡したアメリカのフィルモア大統領の国書を英語に堪能な者に訳させた後、

（これは、とても自分一人の力では対応できない）

と感じた。

この時ペリーが持ってきたフィルモア大統領の国書は、何も日本に交易を求めるものではなかった。イギリスを先頭に産業革命を成功させた欧米列強の最大の目的は、市場としての清国（当時の中国）にあった。アメリカも同じだ。しかし欧米から清国までの航路は

ミーポンとキヨチの青春 読書のーと

第97回「言葉にしましたが、何か?」の巻

感情は言葉にしたほうがいいと思うの
ためるとケンカになるでしょ？
そだねー
じゃあ今のミーちゃんはぁ
歓喜 痛快 大満足…
ボクは…
不満 不条理 我慢…
おっまだ出る…
いったい何が言いたいのよ～
ヒィ！
やっぱケンカかよ～

©R&S COMMUNICATIONS

長い。そのために途中で燃料や水が足りなくなったり、船中に病人が出たりする。勢い、

「不足品を補給し、病人を上陸させて診療してくれるような中継地がいる」

と考えたアメリカは、

「その中継地はジャパンだ」

と決めた。だからフィルモア大統領の国書は、

「そういう中継地になるために、鎖国をやめてほしい」

という要望だった。日本がアメリカをはじめとする諸列強と正式に交易をはじめるのは、初代アメリカ領事ハリスが下田に赴任してからである（一八五六年）。だから日本の開国は二回あった。はじめはアメリカが清国へ向かうための中継地として、そして二番目が本格的にアメリカと交易を開始する時だ。


しかし、日本にとっては二百数十年続いた鎖国体制を解くことだから、これは大変な事件だ。阿部が自分の能力の限界を感じたのも無理はない。阿部は和訳されたアメリカからの国書を日本中にばら撒いた。幕臣・大名並びにその家臣・民間の有識者・庶民などに対してである。

「アメリカ国からこういう国書が来た。意見を出してほしい」

という率直な姿勢を示したのである。

老中・阿部正弘の先見性

この話、最近になって、

「どこかの国にあった事件だな」

と気づいた。そして、

「そうだ、崩壊寸前のソビエトで行われたことだ」

と感じた。ソビエト連邦最後の最高指導者（政治責任者）はゴルバチョフだ。ゴルバチョフは、「ペレストロイカ（改革）とグラスノスチ（情報公開）」を実行した。つまり、国民への情報公開と、その政治参加の促しである。そう考えると、思わず頬が緩んだ。

（二〇世紀末のソビエトがやったことを、百年も前に日本が先に実行している）

と、阿部の先見性に感じ入ったからである。同じ日本人として、当時の国際情勢との関わりで考えると、わたしは阿部に誇りを感ずる。

しかし、阿部の政策がそのままスムーズに遂行されたわけではない。猛烈な反対者が出た。井伊直弼《なおすけ》だ。井伊は江戸城溜間詰《たまりのまづめ》（徳川親藩大名や譜代大名のうち、江戸城内にあ

る黒書院《くろしょいん》溜間に席を持っていた格式の高い大名のこと）の筆頭で、いわば、

「保守的な譜代大名の代表的人物」

といっていい。井伊は言った。

「阿部はバカだ」

なぜバカなのか。井伊の言い分によれば、

「日本国政は、徳川家康公の開府（幕府を開くこと）以来、国民の統治方針は『民はよらしむべし・しらしむべからず』。これを二百数十年保ってきた。いきなり、アメリカから国書が来たからといってそれをばら撒き、意見を出せの、国政に参加せよだのと言ったところで、国民のほうがかえってまごつくだけだ。いたずらに混乱が起こる。こういうことはたとえ行うにしても、時間をかけて少しずつ国民に普及させるべきだ。阿部は、眠っていた余計な問題をいろいろと掘り起こしている」と非難した。井伊の言う余計な問題というのは、

・民間に、〝攘夷論〟を引き起こしたこと
・徳川政治に疑問を持った一部の人間が、勤皇論を唱えはじめたこと

・挙句の果てに「次の将軍は誰にすべきか」などという論に発展させてしまったこと
・それぞれが、自分の仕事をなげうって、そういう論議に夢中になる世相にしてしまったこと

などである。

投じられた石のつぶてはやがて…

とくに井伊が癇《かん》に障ったのは、

「次の将軍を誰にすべきか」

ということが、大きな話題になったことだ。井伊にすれば、

「将軍を誰にするかということは、徳川家の人間や一部の忠実な番頭（井伊にすれば、自分たち譜代大名の代表）が相談すればいいことであって、長屋のハチ公クマ公にまでそんなことを訊くべきではない。将軍の相続問題は、徳川家内部の問題なのだ」

という考えがあった。つまり将軍は徳川家の私的な選考方法によって選ぶべきであって、公開すべきものではないという考えである。阿部にすれば、

「いままではそうかもしれないが、このような国難に際しては、当然将軍の存在も公《おおやけ》のものにしなければならない」

という考えなのだが、こんなことは井伊には通用しない。後に「徳川幕府は、徳川家の私的政府である」という指摘をしたのは勝海舟や横井小楠《しょうなん》だが、この当時の幕府側にも同じような考え方を持つ良識人がいた。阿部正弘に登用された、大久保忠寛《ただひろ》（一翁《いちおう》）や永井主水正《もんどのしょう》などはそのグループだ。かれらは幕末ギリギリの段階で、最後の将軍徳川慶喜に、「大政奉還」をさせた。これはかれらが明らかに、

「幕府の私的性格を取り除くために、いったん政権を天皇に返上して新しい国民の政府を確立すべきだ」

と考えたことによる。

幕末のこういう広がりや深さを持った日本人の考え方が湧き出てきたのも、元はといえば、阿部正弘が展開した、

「ペリーが持ってきたアメリカ大統領の国書を和訳して、日本のあらゆる階層にばら撒いたこと」

が発端となったことは疑いない。阿部自身がまさかそこまで発展するとは思わなかった

だろうが、かれが投げた礫《つぶて》が日本という島国の隅々まで、波紋を広げていったことは確かである。

阿部はさらに「幕府首脳部の改革」を実行しようとした。幕府の役職はすべて譜代（はじめから徳川家の忠臣だった者）によって占められる。阿部は外様（関ヶ原の合戦から徳川家に仕えた者）も加えて〝挙国内閣〟をつくろうとした。また漂流民である中浜（ジョン）万次郎を登用して、国際語がオランダ語に変わった国際情勢に対応させている。

阿部と最も仲がよかったのが薩摩藩主島津斉彬《なりあきら》だ。二人とも急死した。二人とも〝名君〟といわれる。しかしどこが名君なのかその中身についてはまだくわしく評価されていない。阿部と斉彬の先進性は維新招来の起爆剤として、その事績に立ち位置を与えるべきだ。

第四章

時代が変わっても変わらぬリーダーシップの源泉

過去に学ばない者は、それを繰り返す運命にある
——アメリカの哲学者・サンタヤーナ

歴史が教えるポピュリズムの本質

それははたして〝大衆迎合主義〟か

イギリスが国民投票でEUからの離脱を決めた時に、

「ポピュリズムがその一因だ」

というマスコミ論調がしきりだった。ポピュリズムというのは、

「大衆迎合主義」

と訳される。大衆というのは、

「自分の意見形成力を持たないで、他人の言ったことにすぐ迎合する」

といわれる。わたしはこの解釈に疑問を持っている。

アメリカの大統領選挙においても、この〝ポピュリズム〟が、選挙を左右する一因になったといい、〝大衆迎合主義〟という切り捨て方をした。はたしてそうだろうか。

大統領選挙で〝ポピュリズム〟として切り捨てられた一群の人びとは、実際にはそれぞれの考えを持った労働者たちだ。いままで政治もマスコミも目を向けなかった層である。

だとすれば、この層に属する人びとは明らかに、「自分の意見形成力」を持っている。だから、その意味では、

「大衆ではなく公衆だ」

と言っていい。公衆というのは、

・自分で情報を収集する能力を持っている
・収集した情報の中に潜む問題点を摘出する能力を持っている
・その問題点についてどうすればよいかを考える能力を持っている
・そして、考えた末に自分の意見を構築する能力を持っている

ということである。

日本でも、大衆と公衆を明らかに分けている。たとえば街中にあるトイレや電話には「公衆トイレ」あるいは「公衆電話」などと、〝公衆〟の名が冠せられている。大衆トイレだの大衆電話とは言わない。これは明らかに命名者が、「大衆と公衆をはっきり区別している」ということの表れだ。

こういう現象があるにもかかわらず、日本ではまだ大衆と公衆との差が明らかにされていない。

アメリカ大統領選挙において、いままであまり目を向けられなかった労働者たちは、わたしは立派な「公衆」だと思っている。だからこそ、選挙を左右するようなパワーを持ったのだ。イギリスをEUから脱退させようとするパワーも、決して大衆迎合主義者ではない。やはり、自分で情報を集め、問題点を取り出し、考え、結論を出した立派な「公衆」である。そしてこの公衆は、底辺労働者が多い。

こういう底辺労働者の問題を考えるたびに、わたしがよく例に挙げるのが、「ホーソン・リサーチ」だ。

なぜか急に生産性が落ちた工場

日本のＮＴＴは、法律で製造部分を持つことを禁止されているが、アメリカのＮＴＴにあたるＡＴ＆Ｔでは製造部門が認められている。有名な子会社にウエスタン・エレクトリックがある。このウエスタン・エレクトリックの実働部門にホーソン工場がある。だいぶ以前のことだが、このホーソン工場で行われたのが〝ホーソン・リサーチ〟だ。ご存じの方もいると思うが、あらためて説明しておこう。

ある時、突然ホーソン工場で働く労働者たちが仕事をしなくなった。ストを打ったわけではない。待遇はそれほど悪くなかったようだ。しかし一斉に怠業状況になったのを見て、工場長は悩んだ。工場長は良心的な人物である。したがって、すぐ、

「自分の不徳の致すところではないか」

と自分に原因を求めた。が、思い当たらない。そこでかれは社長のところに行った。実情を話し、

「原因がわたくしにも見当がつきません。専門家に調べてもらいたいのですが」

と告げた。社長は工場長の誠実さを知っていたから親身になってこのことを自分のこととして受け止めた。たまたま社長は、ハーバード大学の経営学教室がこういう労働者問題をケース・スタディー（事例研究）として、熱心に取り上げていることを知っていた。そこで工場長に、そのことを話し、

「ハーバード大学の先生に診断してもらおうか」

と持ち掛けた。工場長は目を輝かせて、

「ぜひ、お願いします」

と頼んだ。

ハーバード大学の経営学教室から、メーヨーという教授が派遣されてきた。工場では三千人に及ぶ労働者が働いていたというが、メーヨー教授は、その一人ひとりから聞き取り調査を行った。結果、あることがわかった。それは働く人びとの多くが、まず、

「自分の仕事には、どういう意味があるのか?」

という疑問を持っていたことだ。そして、もう一つは、

「自分の仕上げた仕事が、会社の目的にどれだけ寄与しているのか?」

ということだった。つまり、「与えられた仕事と自分との関係」と「仕上げた仕事の会社に対する寄与度」の二つとも、その労働者にとっての、「働き甲斐の問題」になるということだ。

それでは、なぜその二つのことに労働者たちが疑問を持つようになったかといえば、上部からの指示命令の中に、それに関する情報や説明がほとんど欠けていたからである。

組織の活力を左右する二本のパイプ

組織には必ず二本のコミュニケーションのパイプが要る。

一つは、「上部から下部に伝えられる情報や指示命令用のパイプ」だ。

もう一本のパイプは、「下部から上部に達する意見・不平・不満を伝えるためのパイプ」だ。

メーヨー教授の分析によれば、

「ホーソン工場におけるこの二本のパイプは、ともに中間でゴミが詰まり、これが情報などの流通を遮断している」

という事実が判明した。組織は通常トップ（社長・経営層）・ミドル（中間管理職層）・ロー（実働層）の三段階に分かれる。メーヨー教授が診断した結果、ホーソン工場におけるコミュニケーションの遮断は、「すべてミドル層の段階にゴミがたまっている」ということがわかった。これはある意味で理解できる。トップから下りてくる情報にしても、中間管理職の判断では、

・こんな細かい情報まで、ロー層に伝える必要はない。ロー層がかえって混乱する

・この情報は、会社の企業秘密に属する。ここまでロー層に伝えるのは、機密漏えいを促す原因になる

などという、いわば、「管理職としての良識的な判断」が下される場合もある。また、下から上に上がってくるいわゆるボトム・アップには、管理職にとって、

・こんなことは上部に伝えるべきではない

と判断する内容や、さらに不平不満に至っては、

・こんなことを上に伝えられては自分の立場がなくなる。この意見は、明らかに自分を批判するものだ

という被害者意識を促すようなものもなくはない。当然、これはネグレクトしてしまう。だから中間管理職の良識的判断を含め、自分にとって不利な内容を阻止する意味もあっ

て、上から来る内容や、下から来る内容を意図的に中間管理職が自分の段階で押さえ込んでしまう、という現象がしきりだったのである。しかも、これが一人ではない。横断的にミドル＝管理職層の共通した判断であった。

このことによってホーソン工場内におけるコミュニケーション回路は、上からのものと下からのものとの二本のパイプが、ともに厚いゴミによって閉ざされてしまったのである。

工場をよみがえらせた〝目的意識〟

メーヨー教授は、報告書を社長に提出した。社長は丹念に読んだ。そして、工場長を呼んで報告書を示し、

「こういう結果だ」

と告げた。工場長は深く考え込んだ。思い当たることが多々あった。それは工場長自身も、中間管理職と同じような判断をし、社長からの情報を自分の手元にとどめておいたり、あるいは指示命令などの説明を十分にしていなかったからだ。工場長は反省し、

「二本のパイプをクリアにします。しかし、こうなったのはわたくしの責任です。処分してください」

と言った。社長は、

「きみの誠実さはよく知っている。二本のパイプをきれいに磨いてくれ。その後のきみの健闘に期待する」

と言った。工場長の新しいパイプ設定によって、ホーソン工場内の労働者は、再び活力を取り戻した。労働者が求めたのは、

「何のために自分はこういう仕事をしているか？　そして、仕上げた後どれだけ会社に役に立っているのか？」

という、仕事に対するやり甲斐の探求であった。これが二本のパイプのクリア化によって蘇った。働く者にとってはやはり、

「自分のやっている仕事の意味と、それが組織（社会）にどう役立っているのか」

ということを理解しなければ、モラール（やる気）はあがらない。働く者は、たんに金を得るためだけにエネルギーを注いでいるのではない。

「何のために」

という精神的な目標がなければ、仕事に身が入らないし、またやり甲斐も持てないのだ。

アメリカにトランプ大統領を誕生させたり、イギリスにEU脱退を決意させた人たちの

ことを思う時、わたしはこの〝ホーソン・リサーチ〟で大いに不平不満を表明した働き手たちの心理が重なってくるのである。

そして、このことをあらためて思い返している時に、ふとまた、

「こんなことは、戦国時代の日本にもあったことだ」

と思い当たった。

アメリカの〝ホーソン・リサーチ〟と同じことを、豊臣秀吉が木下藤吉郎時代に行っていたからだ。

かれを有名にした「清洲《きよす》城の塀修理」と「長い槍と短い槍の試合」のことだ。有名なエピソードだが、ホーソン・リサーチと結びつけてあらためて紹介しよう。

部下が〝自分から動きたくなる〟マネジメント

なぜいま、それをしなければならないのか

木下藤吉郎は織田信長に仕えていた。信長はこの頃清洲城（愛知県）を拠点にしていた。

ある時、台風で城の塀がほとんど倒れてしまった。信長はこの頃、強引な一族統制を行っていたので、憎む者もたくさんいた。したがって、いつ敵が攻めてくるかわからない。

「清洲城の塀が倒れた」

と聞けば、第一次防衛線が崩壊してしまったのだから攻略が容易になる。信長は危機を感じた。そこで工事担当の普請奉行に、

「すぐ塀を修理せよ」

と命じた。奉行は承知した。が、しかし、工事が一向に捗らない。調べてみると、工事に従事する足軽たちがさぼっていて、修理に身を入れていない。信長は怒った。木下藤吉郎を呼んで、

「いまの普請奉行は駄目だ。おまえが代われ」

と命じた。藤吉郎は、

「そんなことをすれば、普請奉行の面目が潰れます。この工事だけに限ってという条件付きで、お引き受けいたします」

と、先輩の普請奉行に気を使いながら承諾をした。

すぐに現場に行った。状況を見た藤吉郎は修理の作戦を考えた。

・破壊現場を十カ所に分ける
・百人の足軽を十人ずつ一組とし、十組編成する
・誰がどこの組に入るかは、足軽たちの相談に任せる。人間には好き嫌いがあって、性《しょう》が合うのと合わないのとがいる。性が合わないまま組を編成しても、工事は思うように捗らない。組分けはかれらの話し合いに任せる
・その上で十組を競争させる。一番に分担現場を修復した組には、信長様から褒美を出してもらう

ざっとこんな計画だった。かれは百人の足軽を集めた。そして説明した。立てた計画を話したが、とくに力点を置いたのが、

「なぜいま、急いで塀を修理するのか」

という点である。藤吉郎はこれを、

「城は信長様の所有物だが、しかし信長様だけのために塀を修理するのではない。それは、城の中で生活しているわれわれ自身にも関わりを持つからだ。とくに、戦闘力のない家族

たちには大変な問題になる。おまえたちが塀を修理するのは、自分たちの家族を守るためでもあるのだ。むしろ、そのほうが大きい」

と告げた。はじめのうちは秀吉の説明を鼻の先でふふんと聞いていた連中も、

「おまえたちの家族のためだぞ」

と言われると、にわかに姿勢を正した。考えてみれば藤吉郎の説明には理がある。足軽たちは、

「たしかに、おれたちの家族のためでもある」

と互いに頷き合った。説明を終わると藤吉郎は、

「仕事は明日からでいい。今日は酒をふるまってやるから飲んで寝てしまえ」

と言った。一同大笑いをした。

ハーバード大も真っ青の秀吉のマネジメント術

いったん家に戻った藤吉郎は夜中に目を覚ました。それは塀が壊れた方角からがやがやと話し声が聞こえてきたからだ。

疑問に思った藤吉郎は起きて現場に出掛けていった。驚いた。松明《たいまつ》が煌々《こうこう》とあちこちに

点き、大勢の足軽たちが働いている。藤吉郎が分けた十カ所の工事現場に足軽がそれぞれ組を編成して塀の修復に当たっていた。

「これは！」

驚く藤吉郎に、気づいた足軽が声を掛けた。

「お頭も出張っておいでですか」

「おまえたちは、いったい何をしているのだ？　酒を飲んで寝てしまえと言ったはずだ」

「そうはいきません。お頭の説明で、塀の修理が家族のためだとわかったからには、のんびり寝ているわけにはいきません。いつ敵が攻めてくるかわかりません。今夜中に塀を元に戻します」

「⁉」

秀吉は呆れた。しかし嬉しかった。自分の説明に納得し、足軽たちが自分の家族のためという共通した目的のために、自主的に塀修理に乗り出してくれたことが、たまらなくかれの気持ちを高揚させた。塀は一晩で修理された。翌日、藤吉郎は信長をこの現場に連れ出した。信長も目を見張った。そして、

「サル、さすがだ」

と感嘆した。機を逃さず藤吉郎は信長に、

「塀を一番最初に仕上げた組に対し、お館様から褒美を与えてください」

と頼んだ。信長は頷いた。そして、

「一番先に修理を完成された組だけではない。全員に褒美をとらせよう」

といった。信長も大満足だった。

この逸話はまさに〝ホーソン・リサーチ〟と同じ、

「自分たちが行う仕事の目的と寄与度」

の問題を、戦国時代に藤吉郎はすでに立派に成し遂げていた、ということである。金だけでなく、心も大切にする底辺出身の藤吉郎ならばこそ、思いつく労務者管理であった。

つまり、その底には、

「底辺同士のいたわりと思いやり、そしてやさしさと温《ぬく》もりの心」

が、しっかりと存在していたためである。

真のリーダーは〝その先〟を見る

常識は疑ってかかる

信長がある時、家臣たちに向かって、

「合戦場で使う槍は長いほうが有利か、それとも短いほうが有利か」

と訊いた。槍奉行の上島主水《もんど》は、専門家として、

「それは短いほうが有利です。長いと操作に手間がかかります。突いたり引いたりする動作も、思うようにはいきません」

と応じた。信長は頷き、

「専門家の意見は短い槍だな。では、長い槍が有利だと言う者はいないか」

と見渡した。木下藤吉郎が手を挙げた。

「わたくしは、長い槍を支持いたします」

信長は笑った。

「おまえは他人が黒といえば白、白といえば赤という男だ。そうか、おまえの意見は長い

槍か。しかし、ここで長短の議論をこれ以上続けたくない。実行しよう。上島と木下にそれぞれ槍を持ったことのない足軽を五十人ずつ貸す。三日間訓練を施せ。上島のほうは短い槍、木下のほうは長い槍だ。四日目に城の広場で試合しろ。結果がわかる」

実証主義者の信長は長い議論を好まない。

人は教えても動かない

短い槍を担当した槍奉行の上島主水は、いきなり槍の実技訓練に入った。足軽たちはまごまごした。互いに顔を見合わせて、

「一体、何のために槍の訓練を急ぐのだろう?」

と疑問をぶつけあった。誰も的確な答えを持っていない。わかっているのは上島だけだ。その上島は焦っていた。つまり三日間で槍の扱い方に習熟するには時間がなさすぎる。そんな時に、

「いま、なぜ槍の試合をするのですか?」

と訊く足軽連中に腹を立てた。

「グズグズ言わないで、わしの言う通りに槍を扱え」

と怒鳴る。上島には武士階級に対する頑固な考えがある。上を敬い、下を軽蔑するという考えだ。だからかれは自分に預けられた五十人の足軽たちをまるで虫けらのように思っている。つまり、

「グズグズ言わずに、何でもわしの指示に従えばいいのだ」

という考え方を頭から押しつける。足軽たちは不満顔だ。

「こんな忙しい時に、なぜ槍の試合なんかするのか、訊いたって別に差し支えないじゃないですか。ちゃんと教えてもらいたいですね」

とぶつぶつ言う。みんな同感だ。そんな状況に上島は余計に苛立つ。これに足軽連中に対する侮蔑感《ぶべつかん》が加わるから、なおさらだ。

上島のやり方は足軽一人ひとりに槍の槍術《そうじゅつ》を教え込もうとする。こういう時に、部下は三通りに分かれる。

・いちいち説明しなくてもすぐ会得する者
・すぐには会得しないが親切に説明すれば会得する者
・いくら説明しても会得しない者

さらに最後の「いくら説明しても会得しない者」は二種に分かれる。一つは、

・そのこと（槍術）に向かないので、いくら説明してもわかるような受信機がはじめから頭に備わっていない者

もう一つは、

・先入観があって、わからないのではなく意図的にわかろうとしない者

ここには、上島をバカにしていて上司だとは思わない者、あるいは、「目的をはっきり示してくれなければ、絶対に協力しない」と確固たる抵抗感を持っている者などがいる。厄介なのが「意図的にわかろうとしない確信犯」だ。そういうことが上島にはわからない。ただいたずらに怒鳴りまくれば足軽は言うことを聞く存在だと頭から決めつけている。だが、足軽といっても人間だ。考えもあるし、感情もある。ただでさえ上島は普段から

清洲城内では評判がよくない。「ただ居丈高《いたけだか》に怒鳴り散らすだけで、理由を聞いても絶対に説明しない上役」として位置づけられている。だから突然、信長から上島の指示に従って槍を習え、と命ぜられた足軽たちは困惑した。

一所懸命になるほど部下のやる気が下がるのはなぜか

「あの上島のやつに命令されるのか」と、はじめから上島へのこだわりの気持ちがあって、とても素直には言うことを聞かない状況があった。上島のほうはそんなことは斟酌《しんしゃく》せずに、「足軽などというのは、頭から怒鳴りつければ必ず命令に従うはずだ」

という先入観を持っている。はじめからコミュニケーションの成立しない状況があった。足軽たちがそういう反応を示すので上島は頭に来た。

「いちいち理屈を言わずにおれの言うことに従え！　期間が三日しかない。素人の木下たちに試合に負けたらどうするのだ？　槍奉行としてのおれの面目が潰れる」

と怒鳴りまくる。しまいにはなかなか覚えようとしない足軽を殴りつける。蹴る。足軽たちはたまりかねてキッと上島を睨み返す。上島は、

「何だその目は！　わしに反抗する気か！」

といきり立つ。上島に預けられた足軽たちはほとほと嫌になってしまった。三日目になると、みんな立ち上がる気力もない。広場に屈み込んだまま、ぶつぶつと文句を言い合う。ついにはこんなことを言い出す者がいた。

「おい、いっそのこと試合には負けようじゃないか」

「何だと？」

さすがに、びっくりして聞き返す足軽もいる。不平の先頭に立つ足軽はこう言う。

「上島に仕返しをするんだよ。負けてあいつに恥を搔かせよう。おれたちは負けたって別に何てことはない。な？」

言われてみればその通りだなと共感する足軽が増えた。結局は足軽たちの合意は、

「明日は、木下隊に負けよう」

ということで一致した。

大事なのは〝疑問〟を解いてやること

もう一方の長い槍を担当した木下隊はどうだったのか。藤吉郎は、槍の技術など教えない。

「おれの家に行こう」

と言って、五十人の足軽を自分の家に連れて行った。この頃のかれはまだ係長か課長級だから家はそれほど広くない。足軽たちは座敷と縁側から庭にまではみ出た。その連中に藤吉郎は妻のねねに言いつけて、酒を買わせた。この頃のかれの懐具合では、高い酒は買えない。おそらく安焼酎だろう。「百年の孤独」や「森伊蔵《もりいぞう》」などにはとても手が出ない。が、足軽たちは喜んだ。

「うちのお頭は変わってるな。槍の試合をおっぽり出して酒を飲ませくれるぞ」

しかし、何にしても酒にありつけるのは有り難い。足軽たちは喜んで藤吉郎の振る舞い酒を飲んだ。ひとあたり酔いが回ったところで藤吉郎は告げた。

「これから、おれの話を聞け」

と前置きして、

「他の仕事で忙しいおまえたちに、なぜ急にいま、槍の試合をさせるのか」

というのがテーマだった。藤吉郎はこう説明した。
・尾張の国に伝わる〝あゆち思想〟をこの世で実現したい信長様は、一日も早くいまの合

戦状況を鎮めたいと思っておられる
・しかし、合戦を終息するためには武器が左右する。いまのように刀や槍を振り回していたのでは、百年経っても合戦は終わらない
・そこで信長様は、新しく鉄砲を使おうと思い立たれた。堺その他の鉄砲市場に盛んに手を回しておられる
・しかしこの鉄砲は、われわれ（管理職）が使うのではなく、おまえたち（すなわち労働者）が使う
・鉄砲は俗に〝飛び道具〟と呼ばれる危険な武器だ。まかり間違っても、味方同士が撃ち合うような結果を生んではならない
・それにはどうすればよいか。鉄砲を扱うおまえたちが、互いのことを思いやって協働の心を持つことだ
・槍の訓練は、その協働の心を生むための実験だとおれは思っている。したがって、試合をしてもそれは勝ったり負けたりすることが大事ではなく、むしろおまえたちがどのように互いのことを思い合う心を生み出せるか、というのが大事なのだ

「そのつもりでおれとつきあえ」

と藤吉郎は告げ、

「さあ、どんどん飲め、酒が足りなければねねに買いに行かせる。安心して飲め」

と言った。みんな大笑いした。しかし藤吉郎の説明で、

「なぜいま、槍の試合をしなければならないのか」

という疑問の大半が解けた。みんな、

「さすが、うちのお頭はサル知恵が回るだけに偉い。おれたちの疑問を見事に解いてくれた」

と感心し合った。ギスギスしてささくれ立った上島隊の雰囲気とは雲泥の差だった。

自分から動く部下をつくる

三日目にこんなことを言い出す足軽がいた。

「おい、みんなよ、いつまでもお頭の御馳走になってるわけにはいかねえぞ」

「どうしてだ？」

「木下様だって、まだ大した地位じゃねえ。裕福なはずがねえ。それを無理してこんなに

おれたちに酒を奢ってくださるのは、たんに槍の試合をやらせようという魂胆だけじゃねえぞ。あの人は、おれたちが好きなんだ」

「それがどうした」

「御恩を返そうよ」

「御恩を？　どうやって返すんだ？」

「明日の槍の試合に勝つんだ」

「冗談じゃねえ。三日間酒を飲まされっ放しで、もう二日酔いなんて生やさしい状況じゃねえぞ。三日酔いだ。どうして槍の試合に勝てるんだ？」

「だからよう、うちのお頭はサル知恵があるんだ。きっとなんかいい知恵を教えてくださるよ。ひとつ、頼んでみよう」

　その足軽は藤吉郎のところに来た。そして自分たちの気持ちを話した。藤吉郎は笑って手を振った。

「よせよ、いまさら槍の試合なんて。もう勝とうが負けようがどうでもいいんだ。おまえたちが、なぜいま槍の試合をするのか、そのことを納得してくれればおれの目的はもう終わったも同然だ。明日、信長様のところに行って頭を下げて謝るよ。うちの組は、なぜいま槍の試合をするのかという理由はよく納得しました。実技までは時間が足りませんでした。ご勘弁ください、と」

「謝っても、信長様は気が短いから頭を張られますよ」

「二つ三つ殴られたって、おまえたちのことを考えりゃ我慢できるよ。な、心配するな」

「まったくお頭は、そうやって泣かせるようなことを言って、おれたちを使うのが上手いねえ」

しかし、これは皮肉ではなくみんなそう思っていた。つまり、藤吉郎の部下に対する愛情をしみじみと感じていたのだ。足軽だからといって、殴る蹴る罵ることで自分の思うように操れると思っている上島主水とは大違いだった。底辺で働くだけに、足軽たちは二人の指揮者の大きな違いを敏感に肌で感じていた。

チームワークには高め方がある

しかし、足軽たちの熱心な懇願を放っておけず、藤吉郎は五十人が井戸の水をかぶってしゃっきりしたのを見極めると、槍を教えることにした。

一人ひとりに槍の扱い方を教えたわけではない。五十人を十七人・十七人・十六人の三組に分け、一組ずつやるべきことを指示した。

三列に並べた。一番前の列には、明日は槍を振って上島隊の足軽たちの足を薙《な》ぎ払え。そして目的を達成したらすぐ最後尾に戻れと命じた。二段目の組には、ひっくり返っている上島隊の足軽たちの頭をぶん殴れと命じた。そしてすぐ後ろへ戻れと指示した。三組目には、

「念のために突き倒せ」

と言った。みんな笑った。そして、

「そこまでやられたら、さすがの上島隊も怒って突いてくるでしょう」

と言った。藤吉郎は笑った。

「突いてきても、向こうの槍は短い。こっちには届かない」

と告げた。これにはみんな「確かにそうだ」と余計笑い声を高めた。上島隊のほうでは、木下隊の笑い声が始終響くので、みんな首を傾《かし》げた。それに、どうも笑い声は酔っぱらったやつらの声だ。

「あいつら、酒を飲んでるぞ」

と囁《ささや》き合った。

〝その先〟に何を見ているか

試合は木下隊の勝利だった。上島隊は散々な目に遭った。木下隊の勝因と、上島隊の敗因はいうまでもなく、

「なぜいま、槍の試合をするのか」

という両隊共通の疑問に対して、上島主水は、

「足軽のくせに、余計なことを訊くな。だまっておれの指示に従え！」

と、頭ごなしに怒鳴りつけたのに引きかえ、藤吉郎は、

「それは信長様が、鉄砲という新しい武器を合戦に取り入れ、日本の戦争状況を一日も早く終わらせるためだ。おまえたちは、その先陣を切るのだ」

という説明にあった。藤吉郎の説明で、木下隊の足軽たちは、槍の試合をすることによって、自分たちが信長の目指す、

「〝あゆち思想〟の実現の先駆けになる」

という、雄大な使命の一翼を担うのだということを、知ったからである。

たんに槍の試合の理由を納得しただけではない、日本の合戦を終結させる戦士になるの

だ、という誇りをも持てたからである。

長篠の合戦で実力を見せつけた木下方式

後日談だが、この日の槍の試合は信長・徳川家康連合軍と、武田信玄の子勝頼の率いる武田軍とが激突した「長篠の戦い」によって実を結ぶ。

長篠の戦いは、地形上、いままで映画やテレビで描かれたような光景ではなかった。つまり、馬に乗って疾駆《しっく》する武田軍が信長・家康連合軍の設けた柵に激突し、柵の間から三段構えで行われた銃の一斉射撃のためにバタバタと倒されたわけではなかったようだ。

わたしが現場に行って、地元の郷土史家から聞いた話によると、あの地域は湿地帯であって、両軍を隔てていた連子川《れんごがわ》も、現在の五倍六倍の川幅があったらしい。

したがって、映画やテレビで描かれるように、広大な荒野をゴウゴウと音を立てて武田騎馬隊が疾駆する光景は見ることができなかったろう。実際には、湿地帯に馬を飛び込ませて苦闘する武田方の武将を、信長・家康連合軍の足軽たちが、面白半分に狙い撃ちをした、というのが実相だったのかもしれない。が、それはそれとして、三段撃ちが地形に応じて部分的に行われたことは事実のようである。

つまり、突入してくる武田隊の騎馬武者を、最前列の足軽たちが撃ち倒す。そしてすぐ最後尾に回る。これは、当時の鉄砲が一発しか撃てないからだ。

弾込めを済ませていた二列目が前に出て射撃する。そしてまた後へ回る。弾を込める時間を稼ぐためだ。この交代式の三段撃ちによって、一発しか弾を撃てない鉄砲が無限連発銃に変わる。これが、信長の新しい戦法であり、同時にまた木下藤吉郎の足軽隊訓練による、かれらのチームワークの成果だった。

信長の発想だけではこの戦は勝てなかった。木下藤吉郎によるチームワークを生んだ組織的な行動がモノをいったのである。

藤吉郎は若い時から、

「仕事というのは個人が行うものではない。みんなが協力し合って行うものだ」

という、組織重視の論法を常に口にしていた。トントン拍子に出世していった秀吉の言動としてはちょっと意外に思われるかもしれないが、かれは若い時からまさしく〝ホーソン・リサーチ〟でいう、ホーソン工場の労働者たちが持った、

「仕事に対する疑問」

を敏感に察知し、それに対する的確な答えを与えて、

「みんなのモラール（やる気）を高める方法」

を、直感的に心得ていたのである。

「いま、自分のいる場所」で力を発揮する

最近起こっている世界的現象の中で、とくに、

「ポピュリズムが大きく影響している」

という論評を目にするたびに、わたしはこの木下藤吉郎の的確な対応を思い出す。ポピュリズムに対しても、その層に属する労働者たちの、

「仕事の目的や自分の寄与度、そしてそれに見合った待遇が行われているかどうか」

という疑問を解くことこそ、すでに大衆の段階から〝公衆〟の段階にアウフヘーベン（止揚）しているかれらの真の問い掛けに答えることになるはずだ。

木下藤吉郎の偉いところは、

「いま、自分のいる場所」

を決して忘れないことだ。つまり、かれは上昇志向の塊だ。出世したい、偉くなりたいという気持ちは常に持っている。が、だからといっていま、自分がいる場所の仲間を裏切

ったり、そこから一人だけ抜け出ようとするような気は全くない。

「いま、自分のいる場所で、最大限の力を発揮する」

という態度をとり続けている。これが木下藤吉郎の偉さであり、信長軍の中でトントン拍子に上昇していく所以《ゆえん》でもあったろう。

組織も人も伸ばすリーダーの器

チームの功績は誰のものか

織田信長が尾張から美濃（岐阜県）へ進出した時、国主であった斎藤氏の拠点を奪った。稲葉山城（岐阜城）である。

長良川畔に建つこの城は、標高三百メートルぐらいの稲葉山の上に造られていた。信長はこれを落とすことを藤吉郎に命じた。

藤吉郎は長良川の下流の墨俣《すのまた》（長良川と木曽川の合流点）に、急きょ、城を造った。有名な〝一夜城〟だ。大河の合流点なので大変な湿地帯だ。

この時も藤吉郎は城造りに参加する労務者たちを三組に分けた。一組は城の建設工事に従事する、一組は斎藤軍の攻撃に備えて防備を担当する。そして最後の一組に対して藤吉郎は、

「寝てしまえ」

と言った。みんな大笑いした。

しかし巧みな三組の使い方だ。従う者はみんな感心する。そして、モラールを大いに高める。この軍勢を使って、藤吉郎は城の裏側から稲葉山城を奇襲し、成功した。正面の大手門からは、弟の秀長に攻撃させた。この時、藤吉郎は秀長と相談して、

「奇襲が成功した時は、長い竿の先に瓢簞《ひょうたん》を括《くく》りつけて合図する」

と告げた。その通り実行した。城が落ちた時、藤吉郎は長い竿の先に括りつけた瓢簞を示してこう言った。

「これは、今日この城を落とした証しだ。われわれの手柄を示すものだ。しかし、瓢簞はおれの手柄を示すものではない。おまえたち全員の手柄を表すものだ。これからも手柄を立てるたびに瓢簞を増やしていこう。千を目標にしよう」

と言った。部下たちは一斉に声をあげて肩を叩き合った。藤吉郎が、城攻めの成功を独

り占めにせずに、

「軍全員の手柄だ」

と言ってくれたことが嬉しかったのである。

"いつものやり方"に付加価値をつける

秀吉は確かに出世の坂をトントン拍子に駆け上がっていった男だ。だから、

「出世亡者であり、自分のことしか考えなかったのではないか」

と見られがちだ。ところが秀吉は、

「仕事は絶対に個人で行うものではない、組織で行うものだ」

という考え方を貫いた人物だ。そして、

「いま、自分がいる場所の職責」

を徹底追求する。トップの信長の意図を介し、

「中間管理職として行うべき職責」

を自ら設定し、その遂行に全力を尽くす。だから、

「ヒラの時はヒラの職責を全うし、中間管理職の時は中間管理職の職責を全うする」

ということに徹している。そして、

「トップになったら、トップの職責を全うする」

という態度だ。いまいる自分の場所で、何をすべきかということは既成のルールやしきたりに従うだけではない。かれは、

「既成のルールに新しい創意と工夫を加えよう」

と考え、自分が就いたポストはいかにあるべきか、ということを徹底的に探究する。

「仕事は個人で行うものではない、組織で行うべきだ」という考えも、主人の信長が「あゆちの思想を実現したい」という理想を持ったからこそ、藤吉郎はそう考えたのである。

つまり個人で仕事を成し遂げていくよりも組織の相乗効果を狙ったほうが信長の目的達成のスピードがアップし、実現の期間を短縮する。

その限りにおいて藤吉郎は、信長に対しては「忠実な家臣」であったが、「仕事人」としては抜群の能力開発者であった。

そして、かれのリーダーシップは、清洲城の塀修理や、槍の試合にも見られたように、他の人間にはない豊かさを持っていた。豊かさというのは、

「各人の上昇志向を発揮させ、ユーモアを交えたチームワークを生んだ」

ということだ。

いまに生きるリーダー術

わたしは都庁に勤めていた時代、この木下藤吉郎のリーダーシップの発揮の仕方を随分と参考にした。それは、わたし自身がハーバード大学経営学教室の「リーダーシップのあり方」や「トップの経営法」などに関心を持つ一方、しばしば日本的なウエットな人間関係に嫌気が差し、〝ホーソン・リサーチ〟などの事例研究（ケース・スタディー）が、「日本的なウエットな人間関係の土壌から、鮮やかに抜け出させてくれる」と感じることが多かったからだ。

その意味で、戦国時代なのに藤吉郎のリーダーシップの発揮の仕方は、爽やかで明るく、またスッキリと気持ちのよいものであった。難解な高等数学の方程式を明快に解き明かしてくれたような気がした。

第五章

正論だけでは渡れぬ世を生きる心得

歴史は、現在と過去との対話である

――イギリスの歴史家・E・H・カー

歴史の虚構にひそむ真実

歴史における「事実」と「真実」

歴史には「事実」と「真実」がある。

事実というのは、現在も残る歴史的遺跡や古文書などから、いわば帰納法《きのうほう》的に結論や考え方を引き出せる物証だ。

それに対して真実というのは、必ずしもはっきりした確証があるわけではない。むしろ、人間の空想力によって、「こうだったかもしれない」、あるいは「こうであってほしい」という願望も含めた一つの創作物である。

たとえば、水戸黄門の漫遊や、遠山金四郎の小気味よい裁判、あるいは大久保彦左衛門のハチャメチャな反権力的な行動などがその例だ。ほとんどが根拠のある事柄ではない。多くは大衆の、

「歴史におけるもし（ｉｆ）」

が生んだ産物である。

水戸黄門はたしかに全国を旅していないが…

水戸黄門に例をとってみよう。いまもテレビで何代目かの黄門が活躍しているが、史実によれば、

「水戸黄門すなわち徳川光圀《みつくに》が遠方まで旅をし、まして宿泊を続けたという事実はない」

といわれている。なぜなら、水戸黄門すなわち徳川光圀は、水戸藩（茨城県）の二代目の当主であり、同時に大名としては幕府から、

「参勤交代を免除され、その代わり常に江戸に居住を命ぜられていた（在府）」

といわれる。

これは幕府の命令というよりも、時の将軍五代徳川綱吉の懇望によるものだ。綱吉も光圀もともに儒学のエキスパートだ。好学の綱吉は、その治政に学問を深く混入させた。かれの有名な、「生類憐《しょうるいあわれ》みの令」はその極致であって、必ずしも小動物の生命だけを重んじたわけではない。かれにすれば、

「人命は言うまでもなく尊重する。しかし人命尊重のためには、人間が飼っている小動物の生命を尊重することも必要だ」

という考えから、あの法律が出たのだ。それが逆転して、

「将軍は、小動物を可愛がるあまり、人の命を無視した」

といわれる結果を生んで、歴代の将軍の中でもかれは〝悪将軍〟の名を高めている。

これは、組織における指示命令が、中間層（ミドル）から下へうまく行き届かなかったために起こった現象だ。つまり、中間層が綱吉の意図をよく理解せずに、ただ、

「犬や馬を可愛がれ」

と言うものだから、その指示命令が下部に達すると、綱吉の意図とは全く変わったものになってしまう。いたずらに犬や猫を大切にし、これを虐待する時は、

「お犬様を殴ったな、こっちへ来い」

とたちまち捕らえられる。下っ端役人にすれば、日頃のうっぷんのはけ口が〝市民いじめ〟になるから、愉悦感を覚えながら次々と人間への虐待法を考え出すのだ。挙句の果ては、東京都中野区に十万坪の敷地を得て、〝国立の犬小屋〟を設けた。犬医者・犬役人・犬駕篭などなど、犬のための税金消費が大規模に行われた。綱吉がここまで期待していたかどうかはわからない。

しかし、こういうことが起こるのも、元をたどれば綱吉の異常な儒学好みにある。その意味では、かれは根本的にはヒューマニストであったのだろう。

光圀も学殖深く、儒学には通達していた。かれの水戸藩における治政も、すべてこの儒学精神に基づいている。そのことをよく知っている綱吉は、

「水戸殿を常に自分の脇に置きたい」

と考えた。大名たちの要望や意見に対し、綱吉が判断に苦しむ時は脇の光圀を見る。光圀はそのたびに的確な答えをする。しかしそれは、

「こうしたほうがよいでしょう」

という補助者としての意見具申であって、「こうしなさい」とトップである綱吉の決断権にまで踏み入ることはしない。こういう状況では光圀は休暇を貰うこともできず、したがって旅に出ることなど到底思いもよらない。だから、結論から言えば、

「光圀の漫遊記はすべて虚構である」

ということになる。そしてこのことは、黄門漫遊記を信じている人びとにとっても既成の事柄であって、多くの漫遊記を楽しむ人たちも、

「自分たちが楽しんでいる漫遊記は虚構の出来事だった」

ということは、いまではほぼ周知の事実となっている。しかしそれにもかかわらず、相変わらず「黄門漫遊記」がもてはやされ、これを楽しむ人が多いというのは、すでに、

「事実から離れた真実が成立している」

ということである。

では、この「黄門漫遊記」は、事実から全く離れた大衆が想像しただけのものなのだろうか。つまり、漫遊記を生む芽は全くなかったのだろうか。

黄門漫遊記に込められた「真実」とは

そうとも言えない。これはわたしの勝手な考えかもしれないが、光圀に黄門漫遊記が生まれる原因は、かれが編纂した『大日本史』にあると思う。光圀は前に書いたように、第二代水戸藩主として水戸に住むことができなかった。しかしかれは民思いで水戸に住む人びとのことを始終心配していた。そのため、水戸から情報を取っては、

「民が困っていること、あるいは需要の多い要望」

などについて常に配慮した。現在も残る有名な〝笠原水道〟などの設置はその例だ。愛民の思想に溢れた治政が多い。そのかたわら、かれは江戸の水戸藩邸において、『大日本史』の編纂に取り組んだ。

藩邸内に史局彰考館《しょうこうかん》を設け、多くの学者を招いた。藩の学者安積澹泊《あさかたんぱく》や、備前あるい

は大和出身といわれる佐々宗淳《むねきよ》を招き、彰考館の総裁に任じた。安積澹泊の名は覚《かく》、あるいは覚兵衛《かくべえ》ともいう。そして、佐々宗淳の名は通称介三郎《すけさぶろう》だ。この二人が漫遊記で黄門のお供をする助さん・格さんのモデルだ。なぜモデルになったかといえば、澹泊はさておき、介三郎のほうは日本全国を巡って、『大日本史』の編纂に役立つ旧跡や古文書めぐりを積極的に行ったからである。たとえば、神戸湊川《みなとがわ》で、

「楠木正成《くすのきまさしげ》の史跡を発見しました」

と聞けば、光圀は、

「ただちに碑の用意をせよ。文はわしが書く」

と佐々に申し送る。こういうやりとりがあちこちで行われた。わたしが探訪した限りでも、吉野山の神社内に、「水戸藩佐々介三郎の借用証」というのがあった。『大日本史』編纂に関わる物品を介さんが借用していったらしい。しかし、いまだに借用証が残っているということは、あるいは、

「借りた品物をまだ返していないのか？」

という微笑ましい疑いを持たせる。

こういうように、佐々宗淳あるいは安積澹泊が、水戸光圀（黄門）の指示によって、日

本全国を歩き回った事実が、助さん・格さんだけではなく、主人の光圀までも日本全国を旅行させる結果を生んだのである。しかも、その旅行中に行う、

「勧善懲悪の行為（善を勧め悪を懲《こ》らしめる行い）」

が、庶民の間で大人気を博し、まるで実際に光圀が旅をしたようなドラマをたくさん生んで、これがいまだに歓迎されているということだ。

ちなみに黄門というのは「中納言」という位の唐名である。水戸家の当主は代々権中納言だったので、別称〝黄門〟と呼ばれたのだ。

そして漫遊記について言えば、わたしがここに書いたような事実よりもはるかに虚構のほうが面白いし、また光圀に対する一般の親しみを増す。だから歴史には、

「事実よりも大衆のつくり出した真実のほうが、はるかに人びとにとって大切な場合がある」

ということを、決して無視はできない。そして虚構から生まれた大衆の真実が、社会的影響の度合いにおいて歴史的事実よりもはるかに大きいことも、わたしにとっては深い感懐であった。

忙《せわ》しい時代を生きるための「心の余白」

佐渡に天の川は横たわらない…？

歴史的事実と真実の差をはっきりと示す例が、俳聖と呼ばれた松尾芭蕉の『おくのほそ道』の終盤にもあった。

『おくのほそ道』は、元禄七（一六九四）年以前に芭蕉が書いた紀行文の傑作だが、実際に旅が行われたのは元禄二（一六八九）年のことである。この年の三月に、芭蕉は門人の河合曽良《そら》を供に、旅に出た。

四月一日に日光、五月一日に福島から仙台・松島・平泉などを経て、六月一日に新庄・羽黒山・酒田・象潟《きさかた》を巡り、七月二日には新潟に入った。七月十五日には金沢に着き、山中温泉で供の曽良と別れ、松岡まで現地の門人・北枝《ほくし》を同行した。そして福井から等栽《とうさい》が同行し、八月十四日に敦賀に着いた。そこで門人の路通《ろつう》に迎えられ、月末に大垣に入って旅の終わりとした。北関東・東北・北陸・美濃大垣に至る半年間にわたる大旅行である。

芭蕉が書いた紀行文『おくのほそ道』は、この旅で折々つけたメモを後に芭蕉が整理したものだが、供をした曽良は曽良で別に「随行日記」をつけていた。芭蕉の紀行文は推敲や練りに五年の年月をかけているが、曾良の日記はいってみれば〝リアル・タイム〟に記されたものだ。生々しい。そのために、芭蕉の書いた紀行文と曽良の随行日記とを比較すると、多少ずれがあったり、あるいは事実の認識の違いなどが多々見られる。これが「事実と真実の差」になる。

何といっても一番有名なのが、新潟の出雲崎《いずもざき》で芭蕉が詠んだ、

荒海や佐渡に横たふ天の川

という句についてだ。

目で見えるものが全てではない

これは新潟の出雲崎で芭蕉が佐渡を見て湧き上がった感懐を作句したものだといわれる。しかしこの日の曽良の日記によれば、雨が降っていた。晴れていないのだから、空に天の川が横たわっているのを見ることは不可能だ。また後年、天文学者が、

「出雲崎から佐渡を見て、天の川は見えないと思う」

という指摘をしている。では、雨が降り、地理的に見えない星の群れを、芭蕉ははたして見たのだろうか。

わたしは芭蕉には見えたと思う。それが、

「事実と真実の差」

なのだ。芭蕉は俳人だ。芸術家である。スピリット（魂）が常人とは違う。だから、供をする曽良にすれば、常人の感覚でありのままを見れば、

「雨が降っているのに空の星が見えるわけがない」

とピシャリと片づけてしまうところだろう。しかし、これは実につまらない受け止め方だ。芭蕉は芸術家だ。だから、その心を持って空を見れば、たとえ雨が降っていても、芭蕉にははっきりと、

「佐渡の上空に天の川が横たわっている」

光景がありありと眼の中に浮かぶのである。これが芭蕉の、

「芸術家としてのスピリットによる真実」

なのである。

雨が降ろうと曇ろうと、芭蕉にははっきりと見えたのだ。決して嘘はついていない。言ってみればかれの心の眼に佐渡上空の天の川の星の群れが、はっきりと映じたのである。

こういうことは、芭蕉に限らず、また俳句に限らず、音楽でも絵画でも往々にしてその作者に浮かぶ〝虚像（イメージ）〟だ。芸術の多くは、この〝虚像〟によって成立していると言っていい。

虚像のないところに芸術はない。事実だからといって、事実の羅列ばかりの社会など面白くも何ともない。この世は虚像の群立によって成り立っているからこそ、われわれは味気ない現実の中で喜びの次元に生きることができるのだ。

人間社会をしなやかに渡り切る

〝IT&AI時代〟に置き去りにされた人びとの代表

歴史的事実は別にして、大衆が創造した虚像の一人に大久保彦左衛門がいる。江戸時代初期の旗本で、徳川家康・秀忠・家光の三将軍に仕えた。

創造された虚像では、彦左衛門はたらいの駕籠《かご》に乗って、魚屋の一心太助《いっしんたすけ》を供に江戸城に登城し、〝天下の御意見番〟として、時の将軍にズケズケ意見を言うということで、庶民の喝采を博していた。これが庶民のつくり上げた彦左衛門の虚像だ。

が、実際の彦左衛門はそんな人物ではない。かれには『三河物語』という著書がある。前半は三河の奥地から興った松平家（後の徳川家）が、いかに苦労して南下し、領域を広めて大名にのし上がり、やがて天下を取ったのかを記した歴史書である。専門家の間でも、

「『三河物語』は、史書として信憑性《しんぴょうせい》が高い」

と評価されている。が、後半はガラリと調子が変わる。それは、

「松平家から徳川家へと移行していく中で、自分（彦左衛門）の属する大久保家がいかに苦心惨憺《さんたん》して忠節を尽くしたか」

という経緯が書かれる。そして、

「にもかかわらず、その一族である自分はいまだに千石しか知行をもらっていない。これは、徳川家三代が悪いのではなく、大久保家を讒言《ざんげん》して悪しざまに罵《ののし》り、無実の罪を着せるやつがいたからだ」

と書く。大久保家をそういう窮境に陥れたのは、本多正信《まさのぶ》・正純《まさずみ》父子だと指弾する。

歴史的事実としてはそういうことがあったのかもしれない。本多正信は古くから徳川家康に仕えていた。家康が人質であった今川家から脱し得たのは、織田信長が桶狭間の戦いで今川義元の首を取ったからである。この時、家康は人質の身として義理を重んじて、義元の子氏真に、

「父上の仇を取りますか？　そうなさるのならお味方します」

と持ち掛けた。しかし氏真は、

「そんな気は毛頭ない。これからは領国の内治に勤しむ」

と答えたので、家康は独立し、故郷である岡崎に戻った。そして仇であった織田信長と軍事同盟を結んだ。

しかし、岡崎に帰った途端、地域に一向宗徒が一揆を起こした。家康は知らなかったが、部下の一人が一向宗にも年貢を掛けたからである。

その一揆の中に本多正信がいた。一揆の一隊の隊長を務めていた。しかし家康が戻ったので、さすがに主人に反抗することはできず隊を捨てて脱出した。京都へ行ったり、あるいは北陸方面を流浪したという。その留守の間、正信の家族の面倒を見たのが彦左衛門の長兄大久保忠世《ただよ》である。

忠世は徳川家にとって古くからの功臣だ。みんな忠世の義を称えた。それだけでなく忠世は正信のために再雇用の取りなしをした。家康も忠世の熱心さに心を打たれ、

「わかった、正信を呼び戻せ」

と命じた。こうして正信は再び家康に仕えるようになった。正信は家康の人間性を見抜き、

「この主人は、この国（日本）を平和にしようと努力している」

と感じ取った。だから、家康に積極的に仕えた。家康にもそういう志があったので、荒々しい戦国武将とは違った正信の智謀を愛した。正信はやがて家康にとってなくてはならない謀臣《ぼうしん》となり、ブレーンとしての本領を発揮していく。しかし、恩人である大久保忠世一家に対しては、必ずしも恩を返すような行動は起こさなかった。

いまの時代に「出世する者」と「出世しない者」の違い

『三河物語』では、彦左衛門はこういう正信の背信行為を咎《とが》め、

「大久保家が酷い目に遭っているのは、本多正信のような人間に讒言《ざんげん》されたからだ」

と告発する。しかし彦左衛門は、露骨に名指しをするわけではない。当時正信のような傾向の武士が一般化しつつあった。それは家康の平和志向により、江戸幕府になって武士

社会がガラリと変わったからである。当然、それに順応できる者と順応できないものがいた。この時の〝武士気質〟について、大久保彦左衛門は、「いま、江戸城で出世する者」と「出世しない者」の二つに分類して次のように書いている。

それによると、「いま、江戸城で出世する者」は、

一、主君を裏切り、主君に弓をひく者
二、卑怯なふるまいをして人に笑われるような者
三、世間体のよい者
四、何でもソロバン勘定する者
五、出身のよくわからない者

逆に「出世しない者」として、

一、絶対に主人を裏切らない者
二、合戦（武士の本務）だけに生きる者

三、世間づきあいの悪い者
四、絶対にソロバン勘定などしない者
五、定年まで主人に仕えつづける者

これは明らかに彦左衛門のアイロニー（皮肉）だ。「出世する者」と「出世しない者」が、常識的に考えれば反対のはずだ。彦左衛門自身も、

「『出世しない者』と分類した者が出世するような世の中でなければならない。ところがいまは反対だ。『出世してはならない者』がどんどん出世して、わがもの顔に江戸城内を肩で風を切って歩いている」

という状態だったのだ。彦左衛門は『三河物語』の最後のところで、

「この本は、絶対に外へ出してはならない。家人だけでひっそりと読め」

と告げている。面白い本で、終わりのほうになると憤懣《ふんまん》をぶちまけるためなのかどうか、彦左衛門は、

「おれの声をよく聞け」とか「おれの声をまだ聞いているか」、あるいは「おれの声を居眠りせずに聞け」などという呼び掛けを随所に挟んでいる。

書いているうちにかれ自身も興奮してしまったのに違いない。それだけ、変わっていく武士社会に対する憤懣《ふんまん》が激しかったのだろう。

彦左衛門の静止にもかかわらず、この本がいつの間にか漏れた。これはおそらく〝おれ〟の子が持ち出して、江戸城内でそっと披露したのに違いない。

「大久保さんの書いた『三河物語』は面白いぞ。おれたちの不平不満を代弁してくれている」

という噂がいつの頃からかひそひそと江戸城内に流れはじめた。中にはコピーを取る者もいた。そしてある頃から、『三河物語』は、江戸城内での隠れたベストセラーにのし上がった。ここに書かれたことに大いに共感する者が多かったからである。共感する部分は言うまでもなく、彦左衛門が分類した「出世する者」と「出世しない者」の分析であった。

「大久保さんの言う通りだ」

「江戸城は全くこういう分類によっておれたちが分けられている」

というひそひそ声があちこちで渦巻いた。

必要とされる人材が一八〇度変わった理由

なぜこういう現象が起こってきたかと言えば、大坂の陣後、家康がこの国（日本国）を平和に治めるために、それまでの武士の質を大いに転換させたからである。ひと言で言えば〝下剋上〟の消滅だ。その武器として使ったのが「儒教」だった。林羅山《はやしらざん》を先頭に、多くの儒学者をどんどん登用して、いわば、

「武士の精神的変革」

を策したのである。

戦国時代は、大名や武士のブレーンの多くは僧侶だった。鎌倉以来、僧侶がその時代の知識人であった。また、大名や武士が精神的な支えとして活用する〝生き方〟を示してくれた古代中国の思想家の説などを最初に仕入れ、日本で周知させていたのもやはり僧侶であった。

したがって僧侶は時代の知識人であると同時に、社会の指導者でもあった。僧侶といっても主に禅僧が多い。禅の教えはあまり死後のことに触れずに、

「いまをどう生きるか」

という問題設定が多かった。それが当時の武士の置かれた状況に合ったからである。それを学んだ武士たちの間で一つの合意ができた。それは、

「君、君足らざれば、臣、臣足らず」

という発想だ。つまり、

「主人が主人らしくなければ、部下も部下の責務を果たさない」

という考えだ。下剋上だ。

しかし家康は平和にこの国を治めて行く過程において、手足とする武士たちがこれでは困ると考えた。家康は、

「君、君足らずとも、臣、臣足らざるべからず」

という武士の新価値観を理論化した。

「主人が主人らしくなくても、家臣は家臣の義務を果たさなければならない」

という、上にとって甚だ都合のいい論理だ。しかし家康は、

「そうでなければ、この国を平和に治めることはできない。いままでのように、何かあればすぐ家臣が主人を裏切ったり、追放したり、あるいは殺したりする下剋上は認められない」

と断じ、この方策転換に踏み切った。だから、彦左衛門が「出世する者と出世しない者」の分類をしたのは、家康のこの大方針による結果であった。

幕府も無視できない事態へと発展

しかし、この分類はたんに江戸城内だけで起こっていたわけではない。各大名家にも起こった。そして、この分類によって心ならずも幕府や大名家から離反する者もいた。こういう連中にとっては、

「そこにいたくても、いられない労働環境」

が出現していたからだ。現在でいえば、IT社会になっただけでなく、AI（人工知能）がどんどん発展し、職場でもロボットが次第に幅を利かせるようになってきた状況と似ているかもしれない。

「冗談じゃない。人間が造り出したロボットに、造った人間が支配されるなどというバカなことがあるか」

と考える人間も出て、そういう連中はついに職場から離脱してしまうのだ。

かつてわたしも『アイ、ロボット』というアメリカ映画を観たことがある。恐ろしい映画だった。というのは、人間が造り出したロボットが、たんに機能的な存在だけではなく、やがて〝喜怒哀楽〟の感情を持ってしまう。そうなると、いわゆる〝パワハラ〟を行うような人間に対し憎しみを持つ。やがては殺意を覚える。そして、殺意を持ったまま主人だ

った人間を追いかけはじめる。主人は必死になって逃げる。

「やがて、人間社会もああなるのか?」

わたしはしみじみとそういう時代の到来を不安と恐怖を持って噛み締めたことがある。彦左衛門が遭遇していた時代もおそらくそういうことだろう。

こういう新しい社会からはみ出た人びとは、その考えゆえに再雇用はむずかしかった。勢い、浪人が増えた。いまでも同じで、職を求める人間は大都市を目指す。江戸もそういう状況になった。

したがって大久保彦左衛門の『三河物語』の派生的効果は、こういう浪人たちにも及んだ。江戸城内だけではなく、江戸に群れている浪人たちも先を争って『三河物語』を読み耽《ふけ》ったのである。

浪人問題はにわかに徳川幕府が無視できない大きな社会問題に発展した。

背景にある深刻な失業問題

江戸市中で由井(比)正雪《しょうせつ》という軍学者が、これに目を着けた。かれのところには門人が殺到した。それはたんに正雪が軍学を講義するからだけではない。正雪は、

「いま、江戸に溢れている失業武士にどう対応するか」

と、にわかに社会問題になった浪人の仕末を、真剣に考えたからである。

もちろん正雪なりの野望がその底にあったことは否めない。しかし真っ向からこの問題に立ち向かう正雪の勇気に、かれの塾では、失業からの脱却だけではなく、

「徳川幕府が、政策として対応すべきだ」

と立ち上がる人びとも参加していた。

幕府首脳部で、この傾向を憂慮したのが〝知恵伊豆〟の別称を持つ老中松平信綱《のぶつな》である。

信綱はかなり前から、大久保彦左衛門の『三河物語』が、江戸城内でしきりに読まれ、同時にコピーされ、その言説が城外へ流出していたことも知っていた。

信綱は忠実な徳川家の家臣だ。現将軍家光（三代目）とは子どもの頃からの遊び友達であり、また学友でもあった。したがって、かれの家光に対する忠誠心は抜群だった。江戸城内で起こっている『三河物語』旋風を、信綱ははじめは、

「いいガス抜きになる」

と思っていた。つまり彦左衛門の書いた「出世する者と出世しない者」の分類に共感し、憤激し、息巻いていても、

「その限りにおいて、怒りが発散すれば、それはガス抜きになって後に残さないだろう」という読みがあったからである。そのため、どんなに江戸城内でこの本が評判になろうと信綱はじっと見ていた。

しかし、この本が城外に出て市井《しせい》の問題となり、徳川幕府への政策要求と、現在の政策批判につながってくるようになると放ってはおけない。

彦左衛門は江戸城の武士の生態をストレートに受けとめて『三河物語』を書いた。これはわたし自身も経験した〝戦争体験派〟と〝未体験派〟のせめぎ合いに似ている。古い価値観（義とか人情など）を捨てきれない戦前派と、「そんなものは生きるのに邪魔」とポイ捨てするアプレゲール（戦後派）の相克《そうこく》は、戦後の大きな社会問題でもあった。

『三河物語』は江戸時代初期に、これと同じ現象を起こす起爆剤になった。『三河物語』は〝危険な思想〟となり、その危険性は江戸城にとどまらず城外に流れ、由井正雪の塾で凝縮して発展したのだ。

そこで信綱は、諜者《ちょうじゃ》を放って、由井正雪の塾を監視させた。内部にも潜入させた。やがて、

「由井正雪に徳川幕府に対する謀反の志あり」

という報告を得て、一挙に弾圧に乗り出す。正雪は江戸と大坂で同時に蜂起し、幕府を

攪乱する予定だったが、うまく行かなかった。かれ自身も静岡で幕吏に包囲され、自決してしまう。

歴史の〝そうあってほしい〟

彦左衛門の書いた著書は、こういう波乱を巻き起こしたが、彦左衛門自身は正雪事件が起こる前に死んでしまう。

たらいに乗って一心太助を連れ、江戸城に入って将軍にズケズケ意見を言う老ヒーローのイメージは、あくまでも庶民がつくり出した虚像だ。しかしかれの本が起爆剤になって、それまで幕政を揺るがすほどの政治課題にはなっていなかった武士の失業問題が、大きくクローズアップされる。

ここまでくると、たんなる庶民のつくり出した虚像の所業としては大きすぎる。だから、彦左衛門については、その虚像と実像の差があるにしても、

「事実と真実」

という捉え方をすれば、

「事実よりも、真実のほうが社会的には大きな影響があった」

と言える。とくにかれが徳川武士に下した「いま、出世する者と出世しない者」の分類は、現在でも、

「ビジネスマンの真実」

を示している。つまり、年月を超えた一種のビジネスマンの実態を示す基準として、十分通じるものを持っている。したがって、かれがたらいの駕篭に乗り、魚屋を連れて江戸城に乗り込んでいくような逸話は、事実としてはあり得ないにしても、

「彦左衛門ならそうしたかもしれない」

あるいは、

「おそらくそうしただろう」

「そうしてほしい」

という、当時のある種の人びと（窓際族や落ちこぼれなど）の願望の表れであり、歴史の〝もし〟を実現してくれるヒーロー像を示すものであった、ということだ。わたしにも、そうあってほしいという願いはよく理解できる。

事実だけでは社会に通用しない

彦左衛門が執拗《しつよう》に、

「これだけ徳川家に尽くした大久保家が、いまだに千石の知行しかもらえない」

と嘆いているのは、実をいえば大坂の陣の時に、彦左衛門が家康に逆らった事件があったからだ。

大坂の陣（夏の陣）で、真田幸村の軍勢が突然家康の本陣に斬り込んできたことがあった。不意打ちだったので陣は大いに乱れた。みんな逃げた。家康も逃げた。最後まで陣に踏みとどまり、槍奉行の職責を全うしたのが大久保彦左衛門だ。家康は悔しがった。二条城に引き揚げた時にこのことを問題にし、旗奉行も逃げたと叱責した。ところが彦左衛門が、

「いや、旗奉行は残っておりました。槍奉行のわたくしも残っておりました」

と突っ張った。家康は鼻白んだ。彦左衛門にすれば、

「本陣が崩れ、家康も旗奉行も槍奉行も逃げたとあっては、敵味方の笑い者になる」

という考えから、あくまでも陣は守られていたと突っ張ったのである。家康もそのことはわかったが、しかし自分が逃げていたので引っ込みがつかない。そのために、こういう事実をあくまでも貫く彦左衛門を小憎らしく思った。そのため、その後どんなに手柄を立

てようとも彦左衛門に加増は全く行われなかった。家光の時代にようやく千石の加増があったが、大坂の陣以来そのまま差し置かれたのは、

「家康の彦左衛門に対する複雑な心理」

が作用していたことは言うまでもない。このことは、別の視点で考えてみると、

「事実は、事実として必ずしも社会に通用しないこともある」

という教訓を与えてくれる。このこともまた、現在のビジネス社会で往々にして起こることだろう。トップや上役に向かって、いかに事実であろうとそれを剥き出しのまま突きつけると、裏目に出ることもあるのだ。

つけ加えれば、家康の名言として、

「主人への諫言《かんげん》は一番槍よりもむずかしい」

というのがある。これは大坂の陣での彦左衛門との論争のことを言っているのだと思う。この言葉はさらに、

「なぜなら諫言をした者とされた者の人間関係が気まずくなり、結局は憎み合いになってしまうからだ」

と続く。家康と彦左衛門はその通りになってしまった。

第六章

歴史から学んだ「譲れない生き方」

歴史観とは「自分の人生観」である
――筆者

◆「積誠《せきせい》」で生きる、ということ

幕末志士たちの理論的支柱

二〇一八（平成三〇）年は、「明治維新一五〇年」といわれる。一五〇年前は、一八六八年（慶応四年。同年九月八日に明治と改元）になる。

日本には大きな政治変革が三回あった。大化の改新・建武新政・明治維新の三つだ。いずれも「天皇親政」の政治体制に改められた政変だ。

明治維新では、前年の慶応三（一八六七）年十二月九日に、「王政復古」の宣言がされたが、実際に天皇親政が動き出したのは一八六八年からである。

まず日本の国政が「天皇親政による」という宣言が出されたのが二月三日のことであり、政府の制度もそのように改められた。また、日本に駐在する外国公使に対してこの旨が告げられたのも一八六八年のことである。この時、新政府は外国に対し、

「旧幕府が各国と結んだ条約はそのまま尊重する」

と告げた。そして明治天皇が、

「五箇条の誓文《せいもん》」を出して、天地神明に誓ったのもこの年である。この誓文は、明治天皇が、

「今後、日本の国政を次のように行います」

という内容のものであった。冒頭に、

「広ク会議ヲ興シ万機公論ニ決スベシ」

という、かなり民主的で議会の設置を思わせるような一文がある。しかしこれが実現されるのは二十年後のことである。その間、社会では〝自由民権運動〟が盛んになったが、なかなか議会設置は行われなかった。


いずれにせよ明治維新は、それまでの二百六十年にわたる徳川幕府の政治を改め、天皇親政による新政体を生み出し、日本の近代化を進展させたので、日本の歴史にとって大きな意義がある。

もちろん、この大事業は一人の人間の力によって行われたわけではない。たくさんの人間が、あらゆる階層を超えて結束し実現したものである。

その中の一人で、いわゆる志士たちに理論的根拠を与え、同時に維新実現の自信を与えた思想家がいる。吉田松陰だ。

「積誠」という生き方

かれは、三十歳の若さで幕府に処刑されたが、かれが経営していた「松下村塾」の出身者をはじめ、多くの志士に影響を与えた。かれ自身も、熱血漢でまた潔癖な思想家だった。

とくに、

「性善説」

を信じ、

「人を疑って傷つくよりも、人を信じて裏切られたほうがいい」

という底抜けの善意の持ち主だった。

かれは古代中国の思想家孟子にかなり影響されていた。松陰の生き方の中に、

「積誠」

というのがある。つまり、

「誠を積む」

という意味だ。二宮金次郎（尊徳《たかのり》）の〝積小為大《せきしょういだい》（小を積んで大と為す）〟に似ている。

これは孟子の言葉である、

「至誠にして動かざるものは、未《いま》だこれあらざるなり」

という言葉から来ている。孟子の第七巻離婁《りろう》章句上の中に出てくる言葉だ。「孟子」という本は、「論語」と同じように、対話の相手がいて、その相手に対し孔子や孟子が答える、という形式をとっているが、「孟子離婁章句」は、相手がいなくて、後に編者が覚えていた断片を集めた章となっている。そしてこの言葉が出てくるところは、

「組織内で周りとの折り合いが悪く、うまく事業が進まない場合にどうすればよいか」

という、現在でも職場によくあるケース・スタディー（事例研究）的な扱いをしている。

直接この言葉が出てくるのは、

「部下が上役に信任されないと、民をうまく治めることができない。そういう場合にはどうすればよいか」

ということを例にして、

「その場合にはこうすべきだ」

という孟子の考えを述べたものだ。この話の最後に、

「このように誠は、天の道なり、誠を思うは、人の道なり。至誠にして動かざるものは、未だこれあらざるなり。誠ならずして、未だ能《よ》く動かす者はあらざるなり」

と書いてある。つまり、

「真心がこもっていれば、動かされない人があるはずがない。真心がこもっていないと、人が動かされるはずはない」

という対語《たいご》で結んでいる。

「静」の孔子、「動」の孟子

松陰はこの言葉が大好きだった。かれも超人ではないから、松下村塾で教えたり、あるいは国事を憂えていろいろな計画を立て、それを実行する過程において必ずしもすぐ周囲が理解し納得したわけではない。一時期は、高杉晋作や久坂玄瑞《くさかげんずい》などの最も信頼する門人たちでさえ、なかなか松陰の言うことを聞かなかった。それは松陰が、

「幕府の要人を殺せ」

というテロを望んだからである。これにはさすがの優秀な門人たちもためらった。そのためキレた松陰は、

「諸君は功を為すつもり、僕は忠を為すつもり」

と言って、門人たち全部と絶縁してしまったことがある。それほど松陰は純粋だった。

松陰はどちらかといえば、孔子よりも孟子のほうが好きだったようだ。孔子は「静」の人だが、孟子は「動」の人であり、

「学んだことは必ず行え」

という言行一致を求めた。また有名な革命論を唱えた。それは、

「王は徳を持たなければならない。徳を失った時はすぐその王座から去るべきだ。徳を失った王が、徳を持っている者に話し合いで王座を譲ることを『禅譲《ぜんじょう》』という。しかし、徳を失ったにもかかわらず王がその座から去らない時は、徳を持った者が実力行使によってその者を追うことができる。これを『放伐《ほうばつ》』という」

と告げた。下剋上の極限を示す考えなので、日本には、

「中国から孟子の本を積んでくる船は必ず玄界灘で沈む」

というようなことわざが生まれた。しかし実際にはこれは嘘で、孟子は日本でもかなり古くから相当な数の人びとに読まれている。

至誠にして動かざるものなし

こういうドラスティック考えが純粋な松陰にはピタリと来たのだろう。

かれは有名な下田密航を行って見つかり、長州藩に戻されて萩の牢(野山獄《のやまごく》)にぶち込まれた。しかし、かれはどんなに苦しい境遇でも落ち込まない前向きの気力を持っていたから、たちまち、

「福堂計画」

を立てた。牢というのは地獄だ。その地獄を楽しい場所(福堂)に変えようという計画である。

野山獄には十三人ほどの囚人がいた。囚人といっても全て罪を犯したわけではない。長州藩は変わった制度をとっていた。それは家庭において持て余し者となり、また近隣でも問題児として嫌がられる人間を、手数料を払って野山獄に監禁してもらうというシステムだ。そういう家族の嫌われ者が何人かいた。しかし松陰は区別はしない。すべての囚人に対して、

「特技を教えてください」

と告げ、俳句・和歌・生花・学問の講義などの特性を持っている人をピックアップした。そしてこれらの人に、

「それぞれの特技を生かして、他の人たちに教えてあげてください」

と頼んだ。中に富永有隣《ゆうりん》という学者がいた。有隣というのは「論語」の中にある、

「徳あれば隣有り」

という言葉から来ている。つまり、

「徳を施す人物には、必ず支持者がたくさん出る」

という意味だ。ところがこの富永有隣は徳がない。圭角がある人物で、人を寄せつけない。だから他の囚人たちも嫌っていた。が、松陰は、

「先生には徳があります。だから有隣とお名乗りなのでしょう。是非その徳を、他の人たちに分けてあげてください」

といって有隣にも儒学の講義を行ってもらった。有隣も松陰にはかなわなかった。底抜けの人の良さが、有隣の頑《かたく》なな心を溶かしたのである。つまりこれも、松陰の誠意がそうさせたもので、かれが敬愛する孟子の、

「至誠にして動かざるものは、未だこれあらざるなり」

の実証であった。

あのペリーをも感動させた

無垢な猪突精神といえば、かれがペリーの乗っていた船を目指して、下田港（静岡県）で密航を企てたのも、この〝無垢な猪突主義〟の表れといっていい。

かれには師がいた。佐久間象山《しょうざん》だ。象山は松陰が当時攘夷論者であることを知ったが、

「攘夷といっても、相手国の実力を知らないでいたずらに攘夷攘夷と叫んでも、所詮、蟷《とう》螂《ろう》の斧だ。本当に攘夷を行うのなら、その国の実態を耳で聴き、目で見て確かめなければならない。攘夷の相手国に渡り、実際にその国の実態を把握しなければならない」

と教えた。松陰は納得した。そこで、目前の攘夷の相手であるアメリカに渡り、アメリカの実態を把握しようと考えたのである。

ペリーの船に近づき、通訳にアメリカに渡りたいと告げると、通訳はそのことをそのままペリーに伝えた。ペリーは感心した。

「日本にもそういう頼もしい青年がいたのか。しかしいまは日本国と開国条約を交渉中で、このことが知れると差し障りになる。その青年に言ってくれたまえ。開国条約が結ばれ日米の交流がスムーズに行われるようになった暁には、わたし（ペリー）がポケットマネーできみをアメリカに招いてあげるから、それまで待ってほしい、と」

しかし通訳からこの言葉を聞いた松陰は、

（ペリーも上手いことを言ってわたしを追っ払う気だ）

と受け止めた。そこで、かれはペリーの船から離れ、下田奉行所に自首したのである。

しかし、下田奉行は松陰に対して好感を持った。それは松陰自身が、

「至誠の心」

に溢れていると感じたためだろう。下田奉行はこのことを江戸城の首脳部に報告した。

首脳部も松陰に好感を持った。そこで、裁断としては、

「軽い謹慎を命ずるように」

ということになった。しかし、松陰の属する長州藩ではそうはしなかった。藩保守層にすれば、

「下手をすれば、藩の浮沈に関わる重大犯罪である」

として、藩の牢獄である野山獄に放り込んだ。入牢後の松陰の行動については前述の通りだ。

西郷隆盛に見る誠心

松陰と同じく、明治維新実現に尽力した英傑の一人に、薩摩藩の西郷隆盛がいる。思想家であり、政略家であり、また情に溢れた徳政によって、いまも〝西郷さん〟と呼ばれて好感を持たれている人物だ。

著書は一冊もない。しかしかれの庄内藩（山形県鶴岡市）救済に感動した連中が鹿児島にやって来て、その頃下野して農耕に勤しんでいた西郷にまといつき、その漏らす言葉をメモした。そのメモが『南洲翁遺訓《なんしゅうおういくん》』として、現在も刊行されている。その中に次のような一文がある。

「命もいらず、名もいらず、官位も金もいらぬ人は、仕抹に困るものなり。この仕抹に困る人ならでは、艱難《かんなん》を共にして国家の大業は成し得られぬなり。されども、かようの人は、凡俗の眼には見得られぬぞと申さるるにつき、孟子に『天下の広居におり、天下の正位に立ち、天下の大道を行う。志を得れば民とこれにより、志を得ざればひとりその道を行う。富貴も淫することあたわず、貧賤も移すことあたわず、威武も屈することあたわず』と言いしは、いま仰せられしごときの人物にやと問いしかば、いかにもその通り、道に立ちたる人ならではかの気象はいでぬなり」

冒頭のほうに書かれた「命もいらず、名もいらず、官位も金もいらぬ人は、仕抹に困るものなり」という適切な表現は、そのまま松陰に当てはまった。松陰もここに書かれたような私欲は全くない。だから西郷流に言えば、

「仕抹（始末）に困るもの」

なのである。しかし松陰はそれを押し通した。始末に困る者が最大の武器として、自分を貫いたのが「至誠」であった。この状況を見て、

「松陰だから通用したのだ。なかなか普通の人間では通用しないよ」

という評がある。が、普通の人間でも通用した例がある。それはわたし自身の経験だ。

最後に恃《たの》むべき自分とは

仕事に対する誠意とは

わたしは三十年ほど東京都庁に勤めたが、よい上司に恵まれ続けた。しかし、政策的にのめり込んだのは、やはり美濃部《みのべ》亮吉《りょうきち》都知事（在任期間一九六七～一九七九年）の時代だ。

選挙活動の時から、

「都政の主人は都民である」

とはっきり言い切った美濃部さんに、わたしは傾倒した。こんな言い方をする知事は初めてだったからである。

それまで都庁に勤めて税金で食わされる身として、どこか尻がむずむずしていたから、この断言はわたしを勇気づけた。しかし、この頃の議会構成は、自民党が圧倒的で、美濃部さんの支持政党は社会党・共産党、後に公明党が加わった少数与党だった。

この議会の構成が、そのまま美濃部さんへの苛烈な質問となって表れた。当時の対立は、いまのようにやわらかなものではない。氷を突き立てたように厳しかった。

美濃部さんの所信表明に対しては、野党（当時は主に自民党）が鋭い質問をしてくる。質問は通告制度なので、事前にそれを事務方がキャッチする。その処理に当たるのが、わたしが長をつとめる局だった。

わたしは責務上、これはと思う野党議員の代表を訪ねて、事前に質問内容を探った。通告では、「知事の政治姿勢について」という一行しかない。これではどうにもならない。というのは、知事の答弁の草案を書くのはわたしの局だったからである。

わたしは質問通告のあった議員を控室に訪ね、内容を教えてもらいたいと頼んだ。が、にべもない。しかしだからといって、すごすごと引き下がるわけにはいかない。この頃わたしは、

（知事とは異体同心だ）

と思っていたから、いわば松陰の「至誠」を尽くさなければならないという責務感が湧いている。いつまでも座り込んでいるわたしに呆れ、その議員はわたしを置き捨てにして去った。さてどうするか。わたしは局に戻り、

「議員の自宅を訪ねる」

と言った。

対立する仕事相手と通じ合える時

東京都の東方にあるその議員の私宅を訪ねたのは、すでに日が暮れた後だった。冬場のことなので寒い。が、わたしは門前で何度もベルを押して、面会を求めた。やがて家の人が出てきて、

「お気の毒ですが、お目にかかりたくないと申しております。どうぞお引き取りください」

と告げた。しかしここでもわたしは踏ん張った。帰れないからだ。何としても、質問の細かい内容を教えてもらわなければ、来た意味がない。

「申し訳ありません。もう少し待たせていただきます」

と言った。家人は気の毒そうな表情で奥へ去っていった。

そのうちに、雪が降ってきた。それでもわたしは引き揚げない。何としても、議員に会わなければ責任が果たせない。

小一時間経った頃、また家人が出てきた。そして門の扉を開け、

「どうぞお入りください」

と言った。わたしの胸に言いようのない希望の火がついた。

大きな家だ。かつては大地主か、あるいは庄屋のような農村の指導者だったのだろう。昔の家なので入口を入ると広い土間がある。すぐ脇に厨房があって、釜が並んでいる。大人数なのがわかった。

上がり框《かまち》で雪を払い落としていると、議員が出てきた。

「寒かったろう、よく頑張ったな」

と言った。その笑顔を見てわたしは抑え切れないものが込みあげてくるのを感じた。上

にあげられた。

「おまえが憎いわけではない。おれは知事が嫌いなだけだ。しかし、よく踏ん張った」

とまた褒めてくれた。そして、

「用は何だ？」

という。

「質問の中身をもう少しくわしく教えていただきたいのです」

「おまえに質問するわけではない。知事に訊くのだから、そんなことはどうでもいいだろう」

「でも、答弁の草案はわたしが書くのです」

「……」

議員はじっとわたしの顔を見た。わたしも見返した。ここが勝負どころだ。議員はやがて、

「そうか、わかった」

と頷いた。そして、自分の質問内容をかなり細かく教えてくれた。礼を言って去ろうとすると、

「表に突っ立っていて冷えたろう。飯を食っていけ。いま炊いたばかりだ」

と言う。わたしも寒い戸外に立ち通しで腹も空いていた。ご厚意に甘えた。盛られた飯をひと口頬張って味わった。わたしは昔の自分の家での経験を思い出して訊いた。

「先生、こちらのご飯は藁《わら》で炊いておられるのですか?」

「藁?」

と聞き返した議員は、

「よくわかったな、なぜそんなことを知っている?」

「わたしも子どもの頃は家で飯を炊かされました。でも、親父が言うのには一番米が美味しく炊ける燃料は炭俵(わら)だと言っていたので」

「そうだ。いまうちの米を炊いたのも炭俵だ。腹一杯食っていけ」

何がしかのおかずと味噌汁を添えられてご飯を御馳走になった。この議員から十分な質問内容を引き出すことができて、それなりの答弁が書けたのは嬉しかった。わたしにすれば、吉田松陰ではないが、

「至誠にして動かざるものは、未だこれあらざるなり」

の一例となった。

「人生、意気に感ず」

同じようなことをもう一人の議員からも経験した。その議員は多摩地方に選挙区を持っていて、相当なインテリであり、同時にその知性を活用した質問はカミソリのように鋭い。そういう評判が立っていた。

質問に立つと聞いて、また議会局にその議員を訪ねた。前の議員と同じようなあしらいを受けた。しかし、この議員はそのまま立ち去らずにわたしに言った。

「明日朝六時に家へ来い」

「はい、伺います」

「おまえは鶏に餌をやったことがあるか?」

「あります。家で三十羽ばかり飼っていました。貝殻を砕いて、ハコベを混ぜて餌をつくる仕事をしていました」

これを聞くと議員は、ほうと言ってわたしの顔を見た。

「エリート局長でもそんなことをしたのか?」

「わたしはエリートではありません。愚鈍な役人です」

「何でもいい。明日六時に来い」

「はい伺います」

翌朝、朝五時半ぐらいに着くようにしてその議員の家に行った。議員は鶏小屋の前で待っていた。養鶏と卵の販売を家業の一つにしているらしい。小屋の前に、貝殻とハコベが用意してあった。わたしは心の中で微笑んだ。

わたしは議員に嘘をついたわけではない。子どもの頃、実際に家では鶏を飼っていて、その餌をつくるのはわたしの分担だった。だから、餌づくりには慣れている。黙って貝殻を取り上げ、用意してあった鎚《つち》（かなづち）で砕いた。文字通り粉々に砕いた。そしてハコベをざく切りして砕いた貝殻と器の中で掻き回した。手際を見ていた議員はニヤリと笑った。

「慣れているな」

「はい、子どもの頃を思い出しました」

「よし、もうそのへんでいいだろう」

そう言って議員は先になって鶏舎の中に入った。そして、わたしにも鶏に餌をやれと命じた。わたしは鶏を掻き分けながら、案配しながら餌を撒いた。が、不思議な幸福感が胸に浮かんできた。こんな経験は最近なかったからだ。

議員も穏やかだった。そして、わたしと一緒に鶏に餌を撒きながら自分が知事に訊きたいことを漏らしはじめた。嬉しかった。というのは、質問内容を知ることができたと同時に、その尋ねる内容が、いわゆる「革新都政の骨格」に触れることだったからである。キーワードとしてわたしはすでに頭の中に、

「答弁の骨子は、〝都政の主人は都民だ〟ということだ」

と思い浮かべていた。朝の六時は辛かったが、しかしここでも、松陰の言う、

「至誠の心」

がものをいったのである。つまり、どんなに対立していても恐れることなく至誠の心で立ち向かえば、氷のような厳しい心で対立している議員さんも、至誠の熱に溶かされて、思わず心を和《なご》ませてくれるのだ。つまり、人間なのである。わたしは松陰の言葉と同時に、

「人生、意気に感ず」

という言葉も思い出した。

江戸百万の人びとを救った男の胆力

江戸開城の真の立役者

松陰の言う「積誠」が、人の心を動かすという例は、維新の時にもあった。それは、「江戸開城の交渉」のことだ。

江戸開城は、一般的には「新政府側の西郷吉之助（隆盛）と旧幕府側の勝海舟との対談によって完成した」といわれる。二人の腹芸によって、無血開城が行われたからだ。が、実際には前段がある。つまり、

「アヒルの水掻き」

といわれる水面下でのやりとりがあったのだ。

アヒルの水掻きを行ったのは、幕臣（徳川家の旗本）であった山岡鉄舟《てっしゅう》（鉄太郎）である。山岡は剣豪として有名だった。同時に禅を学んでいた。つまり、

「剣禅一致」

を旨としていた。

鳥羽伏見の戦いが起こる前は、政局が膠着《こうちゃく》していた。討幕側も幕府側も行き詰まっていて、ともに打開策に苦悩していた。

西郷が手を打った。それは江戸で「江戸御用党」と称する盗賊の一団を操ったことだ。これには、薩摩藩士の益満休之助《ますみつきゅうのすけ》や伊牟田尚平《いむたしょうへい》、それに志士の代表である相楽総三《さがらそうぞう》らが指揮を執った。江戸の富裕な商人たちを訪ねては、

「攘夷資金を申し受けたい」

と申し込む。拒むと、強引に家の中を荒らして金品を奪った。これが頻繁に起った。しかもこの「江戸御用党」と称する浪人たちは、目的を達すると堂々と三田（東京都港区）にあった薩摩藩邸にこれ見よがしに引き揚げていく。たちまち、

「御用党の巣は三田の薩摩邸だ」

と噂が立った。幕府も放ってはおけない。庄内（山形県鶴岡市）藩を先頭に、幕府側の役人たちがフランスの派遣将校を伴って、三田の藩邸に押し掛けた。フランスの雇われ将校は、大砲をぶっ放した（薩摩藩邸焼き討ち事件）。これが薩摩藩に開戦の大義名分を与えることになる。

薩摩藩邸の抵抗はなかった。外から様子を窺っていると、どんどん裏口から海へ出て船で退避しているようだ。その中でたった一人、益満休之助だけが残っていた。

「おいが責任を取る」

と言った。潔よかった。益満は勝海舟に預けられた。

あの西郷をも突き動かした

この事件をきっかけに、戊辰戦争が勃発。緒戦の鳥羽・伏見の戦いに勝利した薩長中心の新政府軍が江戸に迫ってきた時、下交渉役（アヒルの水掻き）として山岡が選ばれた。その際に、勝は益満を利用することを考えた。江戸攻撃に向けて意気上がる新政府軍の中を無事通り抜けて交渉の大役を果たすには、益満を同行人にするのが最も効果があると考えたからだ。

しかし山岡は益満の手は借りなかった。新政府軍の中を通る時、馬上から、

「朝敵徳川慶喜の使い山岡鉄太郎、罷《まか》り通る！」

と、芝居がかったパフォーマンスを行った。新政府軍はこの怒号に圧倒され、あれよあれよという間に山岡と益満は新政府軍の群れの中を通り抜けてしまった。

この頃、新政府軍はすでに駿府（静岡市）に達していた。新政府の軍司令官である大総督の宮（有栖川宮熾仁《たるひと》親王）もここにいた。山岡は益満の仲介で、総参謀である西郷に会った。交渉内容は、後に勝が西郷との間で結んだ約定《やくじょう》とほとんど同じだ。ただ一つだけ、

「徳川慶喜の処分をどうするか」

ということが論争の的になった。新政府側では、

「助命はするが、備前（岡山）藩に預ける」

という考えを持っていた。山岡は反対した。仮にも将軍だった慶喜を一大名に預けるなどということは、幕臣にとって耐え難い屈辱だからである。そして、

「西郷先生がわたしの立場だったらどう思いますか」

と迫った。西郷は弱った。そこで、

「この件は、大総督の宮にも伺って江戸城での正式会見の時に答える」

と保留した。山岡がこの時西郷と約定した内容と、後に勝海舟が西郷との会談で合意した約定内容とはほとんど同じだ。ただ慶喜の扱いだけが、備前藩お預けであったのが、慶喜の生家である水戸藩に変わっただけだ。しかし、これで自分たちの将である慶喜の面子《メンツ》が立った。山岡の至誠の念が、西郷の胸を打ち、西郷もまた至誠の人間だからこそ、二人

の間に、

「人生、意気に感ず」

という気持ちが交流したのである。

松陰や山岡の行動を見ていて学ぶことがある。それは自分の誠意を表すのは「捨て身になる」ということだ。自分の一切を投げ出すということだ。その姿勢が相手の心を打つのだ。孟子の言葉にそのままつながる。

そう考えると、対立する議員宅を訪ねて知事への質問内容を教えてもらうために粘ったわたしも、いま思えば捨て身だった。ほかのことは何も考えていなかった。

すべては人間の共同作業

この山岡と西郷の事前交渉は、もう一つのことを考えさせられる。それは、

「歴史における大事業は、一人では実現できない」

ということである。必ず誰かの助けがいる。つまり、

「歴史事件は、すべて複数の人間の共同作業である」

ということも、長年歴史とつきあっていてわたしが学んだことである。〝江戸開城〟と

いえば、誰もが「西郷と勝の一対一の交渉によって成り立った」と思っている。が、それは誤りで、実際には、「西郷と山岡の交渉」によって、開城の条件のほとんどがお互いに合意していたことがわかる。

山岡鉄太郎は鉄舟ともいい、「剣禅一致」の流派を生んだ剣士としても知られる。そんな一角《ひとかど》の人物だから、もう少し注目されてもいいのではないかと思っている。

信頼を勝ち取る「覚悟」の決め方

傾きかけた藩財政を立て直した名家老

孟子の「至誠にして動かざるものは、未だこれあらざるなり」という言葉を、やはり幕末に示し、実績を上げた人物が、吉田松陰の他にもいる。備中松山（岡山県高梁市）藩の家老を務めた山田方谷《ほうこく》である。

方谷は、松山北方の小さな村に生まれた。家は、農家であり油業だったといわれる。しかし、子どもの時からずば抜けた学才を示したので、近くの藩の殿様が、とくに目を掛けて学問を教えてくれた。やがて、その学才をさらに伸ばすために江戸留学を命じた。

江戸に行って方谷が学んだのは大学頭《だいがくのかみ》林家《りんけ》の経営する昌平坂《しょうへいざか》学問所だ。この学問所は、寛政の改革で時の老中筆頭松平定信（白河藩主）が、それまでの林家の私塾から一挙に「幕府直営（いまでいえば国立）」にした。

昌平坂学問所が国立になったので、日本中の秀才が集まってきた。そのため、林家では入学に条件を設けた。しかし、学びたい者はまだまだ溢れている。そこで林家では別に「林家の私塾」をつくった。ここで指導したのが佐藤一斎《いっさい》である。

一斎は、「陽朱陰王」と呼ばれていた。

「表面は朱子学を教えているが、陰では王陽明の学問も教えている」

ということだ。一斎が儒教の一派で、朱子学とは教えを異にする陽明学者でもあったということだ。陽明学は松平定信の「寛政の改革」の時に、昌平坂学問所の教授たちが禁じていた。これが、「異学の禁」である。とくに幕府が直轄する昌平坂学問所では、

「教えるのは朱子学だけとし、絶対に陽明学を教えてはならない」

という掟を設けていた。つまり陽明学は、〝異学〟と位置づけられたのだ。

方谷はおそらくこの私塾のほうの学問所に入ったのではなかろうか。ここで松代《まつしろ》（長野

県）から来た佐久間象山と出会った。二人は毎晩、侃侃諤諤《かんかんがくがく》の議論をするようになった。それは象山が、一斎の陽朱陰王を咎《とが》めて、

「わたしは絶対に一斎先生の陽明学の講義は受けない。先生は朱子学に徹するべきだ。ただ、先生は詩に優れているのでわたしはとくに詩だけを先生から習うようにしている」

と言った。方谷はこれに異論を唱えた。

「いや、選んだ以上、師の教えはすべて受け入れるべきだ。だからこそ、君も一斎先生を師と仰いでいるのではないか」

と反論した。二人の議論はやむところを知らず、毎日朝まで続くので、他の門人たちが「寝られない」と苦情を言うほどだった。

異常な時には、異常な人物が求められる

その後、故郷に戻った方谷は、さらに学問を磨いた。たまたま隣の松山藩主板倉勝静《かつきよ》が方谷に目を着けた。そして、

「わが藩に来て、城の藩士に学問を教授してほしい」

と頼んだ。方谷は承知した。が、勝静が方谷を呼んだのは別に目的があった。それは、

当時の松山藩は財政難であり、しかも財政運営が乱れていた。とくに藩が発行した藩札《はんさつ》の信用度が落ちて、反古《ほご》同然になりかけていた。藩民もアバウトな藩の財政運営に愛想をつかし、

「藩のやることは信用できない」

という状況になっていた。藩主の勝静はこれを何とかしなければ、自分の仕事ができないと嘆いていた。

勝静も優秀な大名だったので、幕府中央からしきりに声が掛かり、

「老中筆頭になってほしい」

という要請を受けていたのである。勝静にも〝青雲の志〟がある。かれもやる気のある殿様だ。やはり、

「中央に出て、江戸城で自分の志を政策に生かしたい」

という考えを持っている。しかし藩がこの状況では、到底いそいそと江戸へ出掛けるわけにはいかない。そこで自分がいなくても、留守をきちんと守り、藩政に安定感を与えてくれるような人物を探していた。たまたま方谷の名を聞いた。

「農民出身だが、学才があってまた藩経営の知恵と術《すべ》を持っている」

という。勝静は方谷を呼んで、まず学問の深さを確かめ、やがて、

（この人物なら、藩政を任せても大丈夫だ）

と自信を持った。いきなり、藩の「財政改革責任者」に任命した。松山城の役人たちは驚いた。家老も驚いた。そこで、

「方谷は、農民でございますぞ」

と苦言を呈した。が、勝静は笑った。

「いま、当藩は異常事態だ。異常な時には、異常な人物が必要だ。方谷はその異常な人物だと思う。いまのような当藩の状況では、平和な時に役立つような人物では危機を乗り切れない。この際、思い切って身分を忘れ、方谷を財政改革の責任者にする。でなければ、わしは安心して江戸城へ赴けない」

と言った。勝静はすでに幕府の「老中筆頭の職」を承諾していた。一日も早く江戸に行きたかった。

当時はペリーの日本来航以来、国事多難で、外交問題で幕府は揺れに揺れていた時期であった。まごまごすれば、徳川幕府の存立そのものが危うかった。そんな時に老中筆頭を命ぜられたのだから責務が非常に重い。しかし勝静もまた、

「至誠の人」

だから、

「徳川幕府が危ういからと言って逃げるわけにはいかない。むしろ、進んで火ダネを拾い、火の粉をかぶるのが真の徳川武士だ」

と考えていた。だから熱弁をふるって反対者たちを説得した。一同も、方谷の人柄とその学才の深さはよく知っているので、渋々承認した。しかし中には、

「やらせてみるがいい。お手並み拝見だ」

と、方谷がすぐさま失敗することを期待し、失敗したら大いに声をあげて嘲笑《あざわら》ってやろうという意地の悪いことを言う者もいた。

勝静に懇願された方谷は、藩士に対する学問教授から財政再建の責任者に職責が変わった。

信頼なくして大仕事は成功しない

かれの家は農家であるとともに油業を営む商家でもあったから、松山藩が「不良債務」のために非常に苦しんでいる実情は知っていた。かれは、これを自分が学ぶ学問の事例と

していつも対策を考えていた。しかも一斎の陽明学をかじっていたから、

「知行合一」

の精神は持っている。陽明学では、

「学んだことは必ず実行しなければならない」

というプリンシプル（原則）を大事にしている。だからすでに、

「乱れに乱れた松山藩の財政はどうすれば再建できるか」

という方策は胸の中にあった。かれの考えは書いたものにも表れているが、

「財政難で藩が苦しむ時は、いったんその財政の沼から身を離して岸に上り、全体を見渡すべきだ。そうすれば、方策は自ずと湧いてくる」

というものだ。かれはその通り、自分を松山藩の財政の泥沼の中から、いったん泳いで岸に上り全体を見渡した。そしてまず感じたのは、

「松山藩の藩民は、城（藩政府）を信用していない」

ということだった。藩札というのは、藩が発行して藩の内部だけで通用する貨幣だ。しかし、これは幕府発行の正札が不足するため、それを補う目的のものだから、やみくもに発行するものではない。本来なら、藩が所有している正札と等量、あるいはそれ以下の発

行額であるべきだ。もし藩札を手にした民が、

「正札と交換してほしい」

と言ってくれれば、当然これは交換しなければならない。それなのに、藩のほうでは藩札の発行を制限なしに行う。だからもし藩札を持っている人間が揃って、

「どうもこの藩札は信用できない。すべて正札に換えてほしい」

といって、巨額の正札交換を要求すれば、藩は完全にパンクしてしまう。方谷は、

「いま、藩民が藩札を信用しないのは、藩が無制限に藩札を発行したためだ」

と思っている。では、どうするのか。

方谷の考えは、

「まず藩民の信頼を得なければ、藩の財政改革は成功しない」

と思っていた。その藩民の信頼を取り戻すには、

「発行する藩札を信用してもらわなければならない」

ということだ。そうなると、

「信用されてない現在の藩札をどう始末するか」

ということになる。

人は「覚悟」を見ている

方谷は一大決意をしていた。それは、

「現在の藩札をすべて焼き払う」

ということである。藩内を高梁川《たかはしがわ》が流れている。瀬戸内海へ下る大河だ。方谷はある日、命令した。

「高梁川の岸辺で、藩札と正札の交換を行う。希望者は藩札を持って集合すべし」

すでに旧藩札をすっかり信用しなくなっていた藩民たちがどっと押し寄せた。藩の財政を担当する役人たちは、みんな不満を持っていた。

「こんなことをすれば、藩財政は完全に破綻してしまう。御家老は一体どうなさる気なのか?」

という疑問を持っていた。しかし方谷は慌てふためかなかった。堂々としていた。その姿には、毅然とした自信が漲《みなぎ》っていた。役人たちは顔を見合わせた。

「山田様の自信はどこから生まれるのだろうか?」

方谷をよく知る者はこう答えた。

「山田様には、私利私欲が全くない。藩のために、藩民のために藩札の処分を行うのが一番いいと信じておられる。その思いがああいう堂々たる態度を取らせるのだ」

「……」

疑いを持った役人はまだ納得がいかない。しかし、岸辺では信じがたい光景が広がった。それは、方谷は藩民が提供し、正札との交換で受け取った藩札を、片っ端から火にかけて燃やしてしまったのである。藩民もびっくりしたが、役人もびっくりした。

「山田様は頭がおかしくなったのか」

という者さえいた。が、方谷は堂々と受け取った藩札を次々と灰にした。この藩札焼却の現場には、大坂の商人たちもいた。藩と取り引きする連中だ。みんな顔を見合わせた。

方谷の考えは、

・信用の失われた旧藩札は全て焼却する。もちろん、持ち主に対しては保証をする
・旧藩札を焼いた後には、新藩札を発行する
・新藩札は、旧藩札とは違って準備金相応の発行額とする

こういう方針は定めていたが、肝心の新藩札の補償金の調達がまだ十分ではなかったのである。しかし、「信用を失った藩札をまず焼き捨てよう」と考え、それを実行する姿勢は捨て身だった。先に目算があるわけではなく、とにもかくにも藩民の信用を失っている旧藩札の除去に夢中になっていた。燃えるようなその姿に川辺にいた人びとは胸を打たれた。

圧倒されて、正札との交換を諦める者もいた。新藩札発行の資金を提供しようという商人も出てきた。

「山田様にはまったく私利私欲がない。藩民の信頼を得ようとする誠実さだけで生きておられる」

ということを高く評価して好感を持つ商人がたくさんいた。そういう商人たちが今日、高梁川の畔《ほとり》で、方谷が思い切って信用を失った旧藩札を焼却するということを密かに聞いていたので、

「本当だろうか？」

と疑いながら、現場に参加していたのである。しかし本当だった。方谷は自分が口にしたことを見事に実行した。商人たちは目と目で頷き合い、

（山田様は嘘はおっしゃらない。支援しよう）

と合意したのである。

すべて方谷の捨て身の姿勢がそうさせたのだ。方谷の誠意（意気）がそうさせたのである。

〝いったん岸に上がってみる〟ことの重要性

これら商人の助けによって、方谷は新資金を得て、新藩札を発行した。藩民の中には、まだ旧藩札を持ったまま様子を見る者もいた。そういう連中の中で方谷の行動に胸を打たれた者は、

「これはお返しします。交換金はいりません」

と申し出る者もいた。方谷は胸を熱くした。

（わしの思いが、民の心に通じた）

と喜んだ。

財政難の渦の中で苦しむ時には、いったん沼の中から這い出て岸に上がり、全体を見渡さなければ駄目だという自分の言葉を、かれは自ら実行した。自ら沼から這い出て全貌を見渡した時、まず気がついたのは、

「藩は民の信頼を失っている」

ということだった。そこでかれは、

「民の信頼がなければ、城など存在できない。何よりもまず最初に、民の信頼を取り戻すことだ」

と考えて、不良債権の焼却を企てたのだった。それが成功した。しかし成功の裏には、かれの、

「至誠の心」

が存在し、それに気づいた民が私利私欲のない山田方谷の誠実さに胸を打たれたのである。

その後、松山藩の財政は再建された。

人と組織を動かす変わらぬ鉄則

藩主の板倉勝静は幕府内で劣勢ではあったが、かろうじて幕威を支える最後の努力に奮闘できた。ちなみに勝静は、幕府が消滅した後も親幕の気持ちを持ち、遠く箱館まで行く。最後まで、新政府を信用できなかったからである。

しかし、やがて降伏し日光東照宮の神官などになって、生を全うする。方谷は、学者本来の道に戻り、岡山の有名な閑谷《しずたに》学校の再建などに尽力する。

ちなみに、方谷の不良藩札焼却事件を聞いて、感じ入った人物に越後長岡藩（新潟県長岡市）の河井継之助《つぎのすけ》がいる。河井はこの話を聞くとただちに方谷の門に入った。河井は、方谷に学んだことを日記に残している。

河井もまた長岡藩で家老を務め、藩政改革に成功したことは有名だ。そして回復した財力を使い、ガトリング砲（西洋式の最新回転式機関銃）を買い込んで、藩の武力を強力にした。そして、「武装中立」を唱えたが、新政府軍の容れるところとならず、河井もやむを得ず東北地方の列藩同盟に参加するが、それ以前の長岡戦争で受けた足の傷がもとになって、死んでしまう。この話は、司馬遼太郎さんの『峠』という小説で有名だ。

それにしても、山田方谷に限らず孟子が残した、

「至誠にして動かざるものは、未だこれあらざるなり」

という至言は、多くの実例を生んでいる。これは理屈を超えた事象であって、至誠の心が、相手の心の鐘を打ち鳴らす鎚《つち》の役を果たし、

「人生、意気に感ず」

という現象を生む。意気というのは理屈から生まれるものではない。至誠の心が相手の心の鐘を鳴らし、

「是が非でも、やってやろう」

という衝動を生むのだ。

今回紹介したのはその一部に過ぎない。至誠は日本人の美しい心として、この国の全土に溢れている。それを発掘するのも〝身近な地方創生〟の実現といえるだろう。

おわりに

読んでくださった方々に心からお礼を申しあげる。

お読みくださった方々はすでにお気づきだと思うが、わたしが〝歴史から学んだ最大のこと〟は、実をいえば、

「キメつけない」

というひと言に尽きる。これはすべてに通用する原則だ。

「人をキメつけない」

「ものごとをキメつけない」

ということは、

「歴史もキメつけない」

ということだ。この〝世の中の全てをキメつけない〟という原則を発見し、「そうして生きていこう」と覚悟してから、わたしの人生観はかなり気楽なものとなった。ホッとしたからだ。

考えてみれば最近までのわたしは〝キメつける〟ために、エネルギーのかなりの量を費

やしてきた。それを保つために自分なりのモノサシ（基準）をつくり、守ってきた。そのために、時に職場や世間で人を裁いたりしたこともある。人を裁くということはキメつけることだ。

いま、人に求められて色紙に書く字は、

「恕《じょ》」

の一字だ。ゆるすという意味もあるが、わたしは、

「相手の身になるやさしさと思いやり」

の意味を込めている。山本周五郎さんの『釣忍《つりしのぶ》』という短篇で主人公がこう語る。

「自分の傷が痛いから、人の傷の痛さもわかるんだ」

現在は〝傷多き人びと〟の時代だ。山本さんのこの言葉は、わたしが座右の銘にしているコンスタンチン・ゲオルギュ（ルーマニアの作家）の、

「たとえ世界の終末が明日であろうとも、わたしは今日もリンゴの木を植える」

につながっていく。キメつけると自他の傷の痛さもわからないし、リンゴの木を植える気にはとてもならないだろう。

童門冬二

青春新書
INTELLIGENCE

こころ涌き立つ「知」の冒険

いまを生きる

"青春新書"は昭和三一年に——若い日に常にあなたの心の友として、その糧となり実になる多様な知恵が、生きる指標として勇気と力になり、すぐに役立つ——をモットーに創刊された。

そして昭和三八年、新しい時代の気運の中で、新書"プレイブックス"にその役目のバトンを渡した。「人生を自由自在に活動《プレイ》する」のキャッチコピーのもと——すべてのうっ積を吹きとばし、自由闊達な活動力を培養し、勇気と自信を生み出す最も楽しいシリーズ——となった。

いまや、私たちはバブル経済崩壊後の混沌とした価値観のただ中にいる。その価値観は常に未曾有の変貌を見せ、社会は少子高齢化し、地球規模の環境問題等は解決の兆しを見せない。私たちはあらゆる不安と懐疑に対峙している。

本シリーズ"青春新書インテリジェンス"はまさに、この時代の欲求によってプレイブックスから分化・刊行された。それは即ち、「心の中に自らの青春の輝きを失わない旺盛な知力、活力への欲求」に他ならない。応えるべきキャッチコピーは「こころ涌き立つ"知"の冒険」である。

予測のつかない時代にあって、一人ひとりの足元を照らし出すシリーズでありたいと願う。青春出版社は本年創業五〇周年を迎えた。これはひとえに長年に亘る多くの読者の熱いご支持の賜物である。社員一同深く感謝し、より一層世の中に希望と勇気の明るい光を放つ書籍を出版すべく、鋭意志すものである。

平成一七年

刊行者　小澤源太郎

著者紹介
童門冬二〈どうもん　ふゆじ〉
1927年東京生まれ。東京都庁にて広報室長、企画調整局長、政策室長等を歴任後、79年に退職。以後は執筆活動に専念し、歴史を題材に、組織と人間の問題を浮かび上がらせる手法で、数々の話題作を手がけている。第43回芥川賞候補。99年には勲三等瑞宝章を受章。主な著書に『将の器　参謀の器』『なぜ一流ほど歴史を学ぶのか』『歴史に学ぶ「人たらし」の極意』（いずれも小社刊）のほか、『小説　上杉鷹山』（学陽書房・集英社）、『男の器量』（三笠書房）、『たのしく生きたきゃ落語をお聞き』（ＰＨＰ研究所）、『西郷隆盛　天が愛した男』（成美堂出版）など多数。

歴史《れきし》の生《い》かし方《かた》
青春新書
INTELLIGENCE

2018年５月15日　第１刷

著　者　童《どう》門《もん》冬《ふゆ》二《じ》

発行者　小澤源太郎

責任編集　株式会社プライム涌光
電話　編集部　03(3203)2850

発行所　東京都新宿区若松町12番１号 〒162-0056　株式会社青春出版社
電話　営業部　03(3207)1916　振替番号　00190-7-98602

印刷・中央精版印刷　製本・ナショナル製本

ISBN978-4-413-04541-4

こころ涌き立つ「知」の冒険!

青春新書
INTELLIGENCE

歴史を学ぶ！ 歴史に学ぶ！
青春新書インテリジェンス　話題の書

なぜ一流ほど歴史を学ぶのか

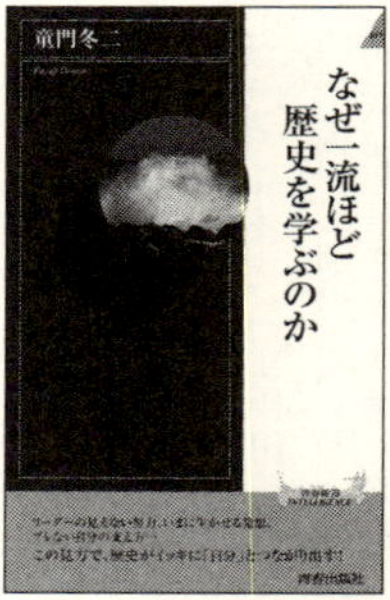

童門冬二

歴史を「いま」に生かす極意
この見方で、歴史がイッキに「自分」
とつながり出す!

ISBN978-4-413-04428-8　850円

歴史に学ぶ「人たらし」の極意

童門冬二

つい心を動かされてしまう
言葉、金、知と情…
その使い方とは!

ISBN978-4-413-04503-2　890円

お願い　ページわりの関係からここでは一部の既刊本しか掲載してありません。折り込みの出版案内もご参考にご覧ください。

※上記は本体価格です。（消費税が別途加算されます）
※書名コード（ISBN）は、書店へのご注文にご利用ください。書店にない場合、電話または Fax（書名・冊数・氏名・住所・電話番号を明記）でもご注文いただけます（代金引換宅急便）。商品到着時に定価＋手数料をお支払いください。
〔直販係　電話03-3203-5121　Fax03-3207-0982〕
※青春出版社のホームページでも、オンラインで書籍をお買い求めいただけます。ぜひご利用ください。〔http://www.seishun.co.jp/〕